Winfried Bullinger/Markus Bretzel/Jörg Schmalfuß (Hrsg.)

Urheberrechte in Museen und Archiven

Mit Beiträgen von
Dr. Katharina Garbers-von Boehm, LL.M., Sabine Mußotter, LL.M.,
Prof. Dr. Winfried Bullinger, Dr. Ole Jani

Nomos

Foto Einband: Winfried Bullinger

Die Deutsche Nationalbibliothek verzeichnet diese Publikation in der Deutschen Nationalbibliografie; detaillierte bibliografische Daten sind im Internet über http://dnb.d-nb.de abrufbar.

ISBN 978-3-8329-5918-0

1. Auflage 2010

Vorwort

Die rechtlichen Themen, die sich für Museen beim Umgang mit Beständen und bei deren Digitalisierung stellen, sind vielfältig. Die Rolle des Museums ist hierbei ebenso facettenreich. In einigen Fällen ist das Museum in der Position eines Lizenznehmers und muss entsprechend Rechte vor der Verwertung klären (z.B. wenn das Museum einen Bildband mit noch geschützten Werken herausgeben möchte). Auf der anderen Seite ist das Museum selbst in einer Position, in der es Rechte einräumt (z.B. Fotografiergenehmigungen oder im Rahmen eines Bildarchivs).

In diesem Dickicht von sich überlagernden Rechtspositionen (Position des Künstlers, des Museumsfotografen, des Museums selbst) gilt es, den Überblick zu bewahren.

Zum Geleit

Das Deutsche Technikmuseum Berlin als größte Einrichtung der gleichnamigen Stiftung ist ein übergreifendes Technikmuseum von internationalem Rang. Die Kulturgeschichte der Energietechnik, Filmtechnik, Fototechnik, Historische Brauerei, Straßen- und Kommunalverkehr, Luft- und Raumfahrt, Nachrichtentechnik, Papiertechnik, Produktionstechniken, Rechen- und Automationstechnik, Schienenverkehr, Schifffahrt, Schreib- und Drucktechnik sowie die Textiltechnik werden hier lebendig und nachvollziehbar.

Das Deutsche Technikmuseum Berlin zählt zu den führenden europäischen Technikmuseen. Erfolg und Besonderheit beruhen wesentlich auf seiner ungewöhnlichen Grundphilosophie, die es deutlich von anderen Institutionen ähnlicher Thematik abhebt: Der Bezugsrahmen der musealen Arbeit ist die Menschheitsgeschichte, ohne die die Wissenschafts- und Technikgeschichte nicht verständlich ist. Demzufolge wird die Geschichte der Technik und der Wissenschaften in einem vielfältigen Beziehungsnetz erforscht, dokumentiert und ausgestellt. Die Stiftung Deutsches Technikmuseum Berlin verfügt dazu über hervorragende Voraussetzungen, da sich unter ihrem Dach sowohl „klassische" museale Sammlungen als auch ein innovatives Science Center sowie traditionsreiche Institutionen wie das Zucker-Museum und die Archenhold-Sternwarte mit dem Zeiss-Großplanetarium befinden.

Daneben verfügt die Stiftung Deutsches Technikmuseum Berlin in ihrem Historischen Archiv über umfangreiche Bildbestände aus verschiedensten Quellen.

Diese Bestände reichen von einem Postkartenarchiv über ganze Unternehmensarchive, wie z.B. den AEG-Bestand, der teilweise urheberrechtlich geschützte Entwürfe und Abbildungen wie z.B. den berühmten Teekessel von Peter Behrens enthält. Außerdem besitzt die Stiftung Deutsches Technikmuseum Berlin Bestände von Vorgängerinstitutionen wie z.B. dem Verkehrs- und Baumuseum (Bestände bis 1945), bei denen es sich teilweise um alte Reiseprospekte, teilweise um Repros für Museumszwecke sowie schließlich um Autorenfotografien handelt. Hinzu kommt ein gemischter Bestand mit Pressefotos z.B. der Firma Telefunken oder Werkfotos von Fichte und Sachs sowie Fotos von zahlreichen Agenturen (insbes. ABC).

Des Weiteren werden im Historischen Archiv umfangreiche Autoren-Fotografie-Bestände aufbewahrt, darunter Original-Fotografien von Renger-Patzsch sowie umfangreiches Material aus dem Nachlass des Fotografen Hans Schaller. Weitere Highlights sind Fotografien von H. Buch, die die gesamte Segelfluggeschichte der DDR widerspiegeln. Diese Bestände berühren häufig die Schnittstelle zwischen Kunst und Technik.

Die Stiftung Deutsches Technikmuseum Berlin hat nach ihrer Satzung die Aufgabe, Zeugnisse und weitere Realien (insbesondere Dokumente, Kunstwerke, Archivalien, Bücher und Gegenstände der Alltagskultur) der Kulturgeschichte der Technik und der damit verbundenen Wissenschaften zu sammeln, zu bewahren, zu pflegen, zu erforschen, in ständigen Schausammlungen sowie in Wechselausstellungen in museumsüblichem Umfang der Öffentlichkeit zugänglich zu machen, in ihren Bezügen zu erläutern sowie wissenschaftliche und technologische Grundlagen einsichtig zu machen und die Auswertung der Bestände für die Wissenschaft und die Volksbildung zu ermöglichen. Darüber hinaus hat sie die Aufgabe, die Astronomie und die angrenzenden Naturwissenschaften in ihren Erkenntnissen, ihren Methoden und ihrer Geschichte zu vermitteln und ihren kulturhistorischen Hintergrund zu verdeutlichen.

Um diese Aufgaben zeitgemäß zu erfüllen und um den veränderten Erwartungen der Museumsbesucherinnen und Museumsbesucher, insbesondere der gesteigerten Nachfrage der Öffentlichkeit nach digitalen Inhalten und Zugänglichkeit über das Internet gerecht zu werden, hat die Stiftung sich entschlossen, über eine Digitalisierungsstrategie nachzudenken. Im „digitalen Zeitalter" versteht sich das Deutsche Technikmuseum Berlin nicht mehr als reiner Aufbewahrungs- und Präsentationsort für Originale. Die Aufgaben der Museen – seien es Technik-, Kunst-, Naturkunde- oder andere Museen – sind vielfältiger geworden.

Die Möglichkeiten der Digitalisierung bringen mit sich, dass die Museen neben Ihrer traditionellen Aufgabe als Präsentationsort die Rolle des Speichers des kollektiven Bildgedächtnisses einnehmen. Hierbei behalten selbstverständlich die Originale ihre bisherige Relevanz. Das Museum ist aber nicht nur Herr der Originale, sondern daneben auch Herr der Abbildungen.

Daneben bietet die Digitalisierung von Beständen auch Verwertungschancen. Abbildungen können vielfältig eingesetzt werden: In der Werbung, in Büchern und auf andere Druckwerken, im Museumsshop – die Möglichkeiten sind unbegrenzt.

Gerade vor dem Hintergrund der vielfältigen Möglichkeiten hat das Museum die Aufgabe, verantwortungsvoll mit dem Bildmaterial umzugehen. Hierbei spielen die damit verbundenen rechtlichen Fragen eine wichtige Rolle.

Anliegen dieses Bandes ist es, die rechtlichen Aspekte, die beim verantwortungsvollen Umgang mit Bildmaterial zu berücksichtigen sind, einer größeren Fachöffentlichkeit zugänglich zu machen.

Berlin, im August 2010

Markus Bretzel M.B.L.
Verwaltungsdirektor der Stiftung Deutsches Technikmuseum Berlin
Handelsrichter am Landgericht Berlin

Archivamtsrat Jörg Schmalfuß
Leiter des Historischen Archivs der Stiftung Deutsches Technikmuseum Berlin

Inhaltsverzeichnis

Einleitung

Rein technisch gesehen haben im digitalen Zeitalter Museen und Archive eine Vielzahl von Möglichkeiten zur Zugänglichmachung und Nutzung ihrer Bestände. Von Museumsbesuchern wird die Zugänglichmachung von Beständen des Museums zum Teil sogar erwartet – am liebsten natürlich unentgeltlich (Stichwort: open access). Die Museen können diesen Erwartungen aber nicht immer ohne Weiteres nachkommen: Da Werke der Bildenden Kunst, Filme und Fotos, aber auch andere Bestände wie Dokumente, Bücher etc. als "Werke" urheberrechtlich geschützt sein können, kommt es für die Frage der Nutzungsmöglichkeit nicht nur darauf an, ob das Museum Eigentümer des Gegenstandes ist, sondern auch, ob es die entsprechenden urheberrechtlichen Nutzungsbefugnisse inne hat. Denn das Urheberrecht erlaubt die Nutzung der Bestände nur in beschränktem Umfang.

Viele Museumsbestände sind urheber- bzw. leistungsschutzrechtlich geschützt, so dass vor deren Nutzung die Rechte an diesen zu klären sind. Sind Personen abgebildet, so sind deren Persönlichkeitsrechte zu wahren. Im engen Rahmen der urheberrechtlichen Schranken kann die Nutzung von Texten, Bildern, Filmen etc. allerdings auch ohne Klärung der Rechte des Urhebers zulässig sein. Ohne Weiteres möglich ist die Nutzung von gemeinfreien Beständen, d.h. von Werken, deren urheber- oder leistungsschutzrechtliche Schutzfrist bereits abgelaufen ist. Bei der Untersuchung der Möglichkeiten und Grenzen der Nutzung von Museumsbeständen stellen sich zahlreiche rechtliche Fragen, insbesondere urheber- und persönlichkeitsrechtlicher Natur. Darüber hinaus stellt sich die Frage, ob die Museen aus dem Eigentum an einem Bestandsstück oder aus dem Hausrecht eine Art Ausschließlichkeitsrecht für die Bildauswertung ableiten können.

Der **erste Teil** dieser Veröffentlichung führt in die grundlegenden Prinzipien des Urheberrechts ein. Im **zweiten Teil** wird dargestellt, welche Rechte an Beständen, insbesondere an Foto- und Filmbeständen zu beachten sind. Im **dritten Teil** werden museumstypische Nutzungen von Beständen unter Berücksichtigung der urheberrechtlichen Schranken und der Schutzfristen auf ihre urheberrechtliche Zulässigkeit abgeklopft. Im **vierten Teil** werden die Möglichkeiten und Herausforderungen der (kommerziellen) Bildauswertung durch Museen dargestellt. Der **fünfte Teil** enthält praxisnahe Ausführungen dazu, welche Vorkehrungen die Museen bei der Gestaltung von Verträgen treffen können, um für die Zukunft den Umgang mit urheberrechtlich geschützten Werken zu erleichtern. Außerdem soll dem Leser als Ergebnis all dessen eine Checkliste für den Umgang mit urheberrechtlich geschütztem Material an die Hand gegeben werden. Dieser Band schließt mit Ausführungen zu Urheberrecht und Schadensersatz.

Teil 1:
Einführung in das Urheberrecht

Nachfolgend werden die urheberrechtlichen Grundlagen dargestellt, die unabdingbar sind für die Beantwortung der Fragen, welche Bestände geschützt sind und warum bestimmte Nutzungen eines Werks zulässig bzw. unzulässig sind. Die Darstellung verfolgt das Ziel einer Kurzeinführung für den Praktiker und ist entsprechend vereinfacht. 1

I. Der Werkbegriff

Das deutsche Urheberrechtsgesetz schützt Werke der Literatur, Wissenschaft und Kunst, soweit es sich um **persönliche geistige Schöpfungen** im Sinne des § 2 Abs. 2 UrhG handelt. § 2 Abs. 1 UrhG enthält einen Katalog von Werkarten, die eine solche Werkqualität in der Regel erreichen. Die Frage, ob ein geschütztes Werk nach § 2 UrhG vorliegt, also die notwendige Schöpfungshöhe nach § 2 Abs. 2 UrhG gegeben ist, entscheidet das Gericht als Rechtsfrage im jeweiligen Einzelfall. Die Rechtsprechung hat hierfür Beurteilungskriterien entwickelt. Neben den beiden Kriterien der persönlichen und geistigen Schöpfung wird verlangt, dass das Werk eine sogenannte Gestaltungshöhe erreicht und in einer konkreten Form sinnlich wahrnehmbar gemacht wird. 2

Persönliche geistige Schöpfungen können nur von Menschen erbracht werden. Allerdings darf sich der Schöpfer zur Erzeugung des Werks eines Hilfsmittels bedienen. Entscheidend ist, dass das entstandene Werk auf ein schöpferisches Tätigwerden eines Menschen zurückzuführen ist und nicht das Ergebnis eines rein automatisierten bzw. mechanischen Vorgangs darstellt. Der menschliche Geist muss auf das Werk Einfluss genommen haben. Dem steht nicht entgegen, wenn in den Schöpfungsprozess vom Menschen unkontrollierte, zufällige Elemente Eingang finden. 3

Das urheberrechtlich geschützte Werk selbst muss **nach außen sinnlich wahrnehmbar** sein. Dabei genügt eine mittelbare Wahrnehmbarkeit des Werks jedenfalls dann, sofern eine unmittelbare Wahrnehmung mit Hilfe technischer Einrichtungen möglich ist (z.B. CD-Player). Nicht erforderlich ist die Veröffentlichung des Werks. Sinnlich wahrnehmbar sind auch choreographische und pantomimische Werke. Es genügt also, wenn ein Werk ausschließlich in unkörperlicher Form vorgetragen wird wie bei einer Klavierimprovisation. Nicht maßgeblich ist dabei, dass das Stück mangels Fixierung nicht wiederholt werden kann oder durch Vergessen verloren geht. Eine körperliche Festlegung ist für den Urheberrechtsschutz nicht erforderlich. Dagegen sind bloße Ideen zu einem Werk, nicht geäußerte Gedanken oder Vorstellungen eines Menschen als lediglich im Geist ablaufende, nach außen hin nicht wahrnehmbare Vor- 4 gänge nicht schutzfähig. Hierin wird die Unterscheidung von Idee und Form im deutschen Urheberrecht deutlich. Im Interesse der Allgemeinheit bleiben die Ideen und Konzepte frei und können von jedermann genutzt werden. Das Urheberrecht schützt nur die Gestaltung einer Idee oder eines Motivs, nicht hingegen die Idee oder das Motiv selbst.

5 Bedeutendstes Kriterium bei der Beurteilung der urheberrechtlichen Werkqualität ist die **Individualität** des Werks. Erforderlich ist eine individuelle geistige Leistung, d.h. das Werk muss individuelle Züge des Schöpfers aufweisen. Individualität verlangt dabei nicht die absolute Neuheit des Werks. Dennoch ist Individualität ausgeschlossen, sofern eine Person lediglich bereits vorhandene Ausdrucksformen wiederholt.

6 Schließlich muss ein urheberrechtlich geschütztes Werk eine gewisse **Gestaltungshöhe** besitzen. Das Merkmal Gestaltungshöhe bezieht sich auf den Grad der Individualität, den ein geistiges Erzeugnis besitzen muss, um eine persönliche geistige Schöpfung nach § 2 Abs. 2 UrhG zu sein. Das Werk muss das Handwerkliche und Durchschnittliche überragen, wobei in Bezug auf wissenschaftliche Werke strengere Anforderungen gelten.[1] Geschützt wird jedoch zumeist auch die sogenannte "kleine Münze". Wird eine gewisse Schöpfungshöhe hingegen nicht erreicht, so können Leistungsschutzrechte nach §§ 70 ff. UrhG etwa für ausübende Künstler, Tonträgerhersteller, Sendeunternehmen und Filmhersteller in Frage kommen.

7 Nicht maßgeblich für die Beurteilung der Werkqualität ist der mit der Herstellung verbundene zeitliche und finanzielle Aufwand und der Zweck, zu welchem das Werk geschaffen wurde. Auch der Umfang eines Werks ist nicht entscheidend, wenn auch die Kürze einer Äußerung o.ä. ein Indiz gegen den Urheberrechtsschutz darstellen kann (häufig bei Werbeaussagen).

II. Urheberrecht und Sacheigentum

8 Hat ein Museum Eigentum an einem urheberrechtlich geschützten Werk erworben, so bedeutet dies nicht automatisch, dass das Museum das Werk auf beliebige Art und Weise nutzen kann. Urheberrecht und Sacheigentum am Werkoriginal bzw. an Vervielfältigungsstücken sind voneinander unabhängig und können nebeneinander selbständig bestehen. Bei der Veräußerung eines Werks verbleiben grundsätzlich die Nutzungsrechte beim Urheber bzw. nach dessen Tod bei dessen Erben. Will das Museum neben dem Eigentum an dem Werk auch Nutzungsrechte erwerben, z.B. um das Werk als Postkarte zu drucken und zu verkaufen, so ist hierzu eine gesonderte Abrede mit dem Urheber (oder seinen Erben) notwendig, ein sogenannter Lizenzvertrag. Ohne entsprechende Nutzungsabrede steht das Urheberrecht, das sich aus dem Urheberpersönlichkeitsrecht (siehe hierzu Ziffer III.) und den urheberrechtlichen Verwertungsrechten (siehe hierzu Ziffer IV.) zusammensetzt in den meisten Fällen der jeweiligen Nutzung entgegen.

1 BGH GRUR 1986, 741 – Anwaltsschriftsatz.

III. Das Urheberpersönlichkeitsrecht

Das Urheberpersönlichkeitsrecht schützt als besonderes Persönlichkeitsrecht die enge Beziehung zwischen dem Urheber und seinem Werk. Entsprechend seiner persönlichkeitsrechtlichen Natur schützt es überwiegend die **ideellen Interessen**, daneben aber auch die materiellen Interessen des Urhebers an seinem Werk. 9

Auf das Urheberpersönlichkeitsrecht kann der Urheber nicht generell verzichten. Jedoch sind vertragliche Abreden über einzelne Bestandteile des Urheberpersönlichkeitsrechts in bestimmten Fällen möglich, sofern nicht dessen "Kern" betroffen ist.[2] 10

Das Urheberpersönlichkeitsrecht ist aus einer Anzahl einzelner urheberpersönlichkeitsrechtlicher Befugnisse gebildet. Der Urheber hat das Recht, über die **erste Veröffentlichung** seines Werks zu entscheiden (§ 12 UrhG). Danach kann der Urheber zunächst darüber entscheiden, ob sein Werk überhaupt veröffentlicht werden soll und in welcher Form dies geschehen soll.[3] Veröffentlicht ist ein Werk dann, wenn es mit Zustimmung des Berechtigten der Öffentlichkeit, d.h. mehreren nicht miteinander verbundenen Personen zugänglich gemacht wird. Öffentlichkeit in diesem Sinne muss nicht die Allgemeinheit sein – ein beschränkter Personenkreis genügt.[4] Nach der Erstveröffentlichung kann der Urheber die weitere Veröffentlichung nicht mehr verbieten.[5] 11

Weiter ist Bestandteil des Urheberpersönlichkeitsrechts das Recht des Urhebers **als Urheber seines Werks namentlich genannt zu werden** (§ 13 UrhG). Über die Ausgestaltung dieses Rechts entscheidet der Urheber selbst. Er kann sich beispielsweise einen Künstlernamen zulegen. Das Namensnennungsrecht schließt auch das Recht ein, nicht genannt zu werden, also anonym zu bleiben. Auch bei der konkreten Ausgestaltung der Nennung sind die Vorgaben des Urhebers bzw. die Vereinbarung mit dem Urheber maßgeblich. Nur hilfsweise kann auf Verkehrsgepflogenheiten (z.B. Nennung des Regisseurs im Vor- und Abspann eines Films) zurückgegriffen werden.[6] 12

Daneben ist der Urheber vor Entstellungen und Beeinträchtigungen seines Werks geschützt (§ 14 UrhG). 13

Das Gesetz unterscheidet dabei zwischen dem besonders gravierenden Eingriff der Entstellung und anderen, weniger schwer wiegenden Beeinträchtigungen. Entstellungen sind Veränderungen des Werks, die dieses besonders stark verfälschen, verzerren oder herabwürdigen. Beeinträchtigungen sind milder wirkende Eingriffe. Eine andere Beeinträchtigung kann beispielsweise auch dann vorliegen, wenn das Werk selbst physisch unangetastet bleibt, aber in einem verfälschenden Zusammenhang gebracht wird. 14

Die Feststellung einer Entstellung oder Beeinträchtigung führt noch nicht ohne Weiteres zu einer Urheberrechtsverletzung, die der Urheber untersagen kann. § 14 15

2 Wandtke/Bullinger-*Bullinger*, Vor §§ 31 ff., Rn. 38.
3 Wandtke/Bullinger-*Bullinger*, § 12 Rn. 1.
4 Wandtke/Bullinger-*Bullinger*, § 12 Rn. 7.
5 OLG München NJW-RR, 1997, 493, 494.
6 OLG München ZUM 2000, 61, 62.

UrhG sieht in jedem Fall eine Interessenabwägung zwischen den Interessen des Urhebers und den Interessen des Eingreifenden vor. Auf Seiten des Urhebers ist beispielsweise zu berücksichtigen, ob es sich bei einem Foto um eine Originalfotografie handelt oder um einen einfachen Abdruck. Weiter spielen der Grad der Öffentlichkeit, den eine Entstellung erhält, eine Rolle oder auch die Frage, ob es sich um eine Fotografie mit hohem künstlerischen Anspruch handelt oder eine einfache Fotografie gegeben ist. Auf der anderen Seite sind die Interessen des Eigentümers des Fotos oder des Nutzungsberechtigten zu berücksichtigen. So kann der Eigentümer eines Fotos ein Interesse daran haben, im Rahmen einer kuratierten Ausstellung ein Foto in einem bestimmten Zusammenhang zu setzen. Der Nutzungsberechtigte, beispielsweise der Lizenznehmer des Urhebers, kann ein Interesse daran haben, ein Foto für eine bestimmte Verwendung zu modifizieren.

16 Besteht zwischen dem Urheber und dem Eingreifenden eine lizenzrechtliche Rechtsbeziehung, so ist auch die Vorschrift des § 39 UrhG zu beachten. Die Vorschrift geht von einem generellen Änderungsverbot zugunsten des Urhebers aus (§ 39 Abs. 1 UrhG). Allerdings steht dieses Änderungsverbot unter dem Vorbehalt von Treu und Glauben (§ 39 Abs. 2 UrhG). Im Ergebnis erfolgt eine Gesamtschau der urheberrechtlich relevanten Bestimmungen. Es findet die beschriebene Interessenabwägung statt.

17 Insbesondere bei online abrufbaren Werken ist die Gefahr der Entstellung groß: Urheberrechtlich geschützte Werke, die in das Internet gestellt und von Nutzern aus dem Internet kopiert werden können, sind auf einfache Weise spurlos veränderbar. Sie können beispielsweise durch digitale Bearbeitungen – verzerrt oder in Fragmente zerteilt – neu montiert werden. Dennoch darf dieser hohe Grad an tatsächlicher Gefährdung der Integrität online genutzter Werke nicht zu einem geringeren rechtlichen Schutzniveau führen. So kann dem Urheber nicht unterstellt werden, dass er Beeinträchtigungen oder Entstellungen seines Werks bewusst in Kauf nimmt, wenn er den Internetnutzern die Möglichkeit gibt, das Werk herunterzuladen und auf der Computerfestplatte zu speichern. Gerade wegen des hohen Gefährdungsgrades für die Werkintegrität ist der Urheber auf den Schutz aus § 14 UrhG angewiesen.

18 Nur wenn der Urheber ausdrücklich einwilligt, dass sein online genutztes Werk geändert, insbesondere bearbeitet werden darf, so ist dies zu seinen Lasten bei der Interessenabwägung innerhalb von § 14 UrhG zu berücksichtigen. Wer beispielsweise online durch einen Hinweis auf seiner Homepage Internetnutzern anbietet, Bildelemente zu kopieren, zu ändern und in neuen Gestaltungen zu benutzen, der hat die damit einhergehende Beeinträchtigung des Werks grundsätzlich hinzunehmen. Da das Urheberpersönlichkeitsrecht als solches allerdings unverzichtbar ist, kann er groben Entstellungen auch im Falle der oben skizzierten Zustimmung entgegentreten.

IV. Die Verwertungsrechte

1. Grundsätzliches

Die Verwertungsrechte regeln die **materiellen Befugnisse** des Urhebers. Sie ermöglichen dem Urheber die wirtschaftliche Verwertung seines Werks. Dies erfolgt insbesondere durch die entgeltliche Gewährung von Nutzungsrechten gemäß §§ 31 ff. UrhG. Die ausschließlichen Verwertungsrechte geben dem Urheber auf der einen Seite positive Nutzungsrechte und auf der anderen negative Verbotsrechte gegen denjenigen, dem kein Nutzungsrecht eingeräumt wurde oder der die Grenzen des ihm eingeräumten Nutzungsrechtes überschreitet. 19

Die dem Urheber zustehenden Verwertungsrechte ergeben einen lückenlosen Schutz. Bei mehrstufiger Werknutzung wird so die Beteiligung des Urhebers auf jeglicher Stufe gewährleistet. Wird der Text eines Schauspiels kopiert, liegt eine Vervielfältigung vor (§ 16 Abs. 1 UrhG), wird das Schauspiel aufgeführt, ist das Aufführungsrecht betroffen (§ 19 Abs. 2 UrhG), wird die Vorstellung von einem Fernsehsender aufgezeichnet, liegt eine Vervielfältigung vor, wird die Sendung ausgestrahlt, ist das Senderecht betroffen (§ 20 UrhG). 20

Die Generalklausel des § 15 UrhG unterscheidet zwischen der Verwertung eines Werks in körperlicher Form und der Verwertung in unkörperlicher Form. 21

2. Körperliche Verwertungsrechte

a) Vervielfältigungsrecht (§ 16 UrhG)

Das Vervielfältigungsrecht ist das Recht, Vervielfältigungsstücke eines Werks herzustellen, unabhängig davon, ob vorübergehend oder dauerhaft, in welchem Verfahren oder in welcher Zahl. Vervielfältigung ist z.B. auch die Übertragung eines Werks auf Bild- oder Tonträger (§ 16 Abs. 2 UrhG). 22

Entscheidend für den Begriff der Vervielfältigung ist die körperliche Fixierung des Werks, erfasst sind beispielsweise die Fotokopie und das Speichern auf digitalen Datenträgern (CD, DVD, Festplatte, USB-Stick etc.). Erfasst ist bereits die erstmalige Fixierung eines Werks, z.B. die Aufnahme eines bisher nur mündlich vorgetragenen Gedichts. 23

Eine im Museumsbereich häufig vorkommende Form der Vervielfältigung ist insbesondere das Einscannen und das Abfotografieren von Werken. 24

b) Verbreitungsrecht (§ 17 UrhG)

Das Verbreitungsrecht ist das Recht, das Original oder körperliche Vervielfältigungsstücke des Werks der Öffentlichkeit anzubieten oder in Verkehr zu bringen. Angebot 25 an die Öffentlichkeit ist insoweit jede Aufforderung zu Eigentums- oder Besitzerwerb; Werbemaßnahmen etc. reichen aus. Eine Verbreitung ist beispielsweise das Anbieten von Vervielfältigungen (z.B. Postkarten) im Museumsshop.

26 Das Verbreitungsrecht endet jedoch mit dem Erstmaligen Inverkehrbringen des Originals oder eines konkreten Vervielfältigungsstücks mit Zustimmung des Urhebers bzw. Rechteinhabers. Danach kann der Urheber die Weiterverbreitung dieses konkreten Werkstücks nicht mehr verbieten. Sofern beispielsweise Bücher oder CDs mit Zustimmung des Urhebers in den Handel gelangt sind, kann er den Weiterverkauf der erworbenen Exemplare nicht verbieten.

c) Ausstellungsrecht (§ 18 UrhG)

27 Das Ausstellungsrecht nach § 18 UrhG ist das Recht, das Original oder Vervielfältigungsstücke eines unveröffentlichten Werks der bildenden Künste oder eines unveröffentlichten Lichtbildwerks öffentlich zur Schau zu stellen. Die Vorschrift enthält jedoch keine über das oben dargestellte Veröffentlichungsrecht hinausgehende Befugnis.

28 Wichtig ist jedoch die Einschränkung gemäß § 44 Abs. 2 UrhG, wonach der Eigentümer des Originals eines Werks der bildenden Künste oder eines Lichtbildwerks auch berechtigt ist, das Werk öffentlich auszustellen, selbst wenn es noch nicht veröffentlicht ist, sofern dies der Urheber bei der Veräußerung des Originals nicht ausdrücklich ausgeschlossen hat (siehe hierzu unten im Teil 3 Ziffer I. 1.).

3. Unkörperliche Verwertungsrechte

29 Die unkörperliche Verwertung ist jede Wiedergabe eines Werks, die nicht mit einer körperlichen Festlegung des Werks einhergeht. Dabei ist nur die "öffentliche" Wiedergabe dem Urheber vorbehalten; die nicht öffentliche Wiedergabe eines Werks ist gemeinfrei. Öffentlich ist eine Wiedergabe schon dann, wenn sie für eine Mehrzahl von Personen, die nicht persönlich miteinander in Verbindung stehen, bestimmt ist.[7]

a) Vortrags-, Aufführungs- und Vorführungsrecht (§ 19 UrhG)

30 Das **Vortragsrecht** ist das Recht, ein Sprachwerk durch persönliche Darbietung öffentlich zu Gehör zu bringen, beispielsweise das Vortragen eines Gedichts im Rahmen einer Lesung. Das **Aufführungsrecht** ist das Recht, ein Musikwerk öffentlich zu Gehör zu bringen oder ein Werk öffentlich bühnenmäßig (es muss sich um ein für Auge und Ohr bestimmtes bewegtes Spiel handeln) darzustellen.

7 Wandtke/Bullinger-*Heerma*, § 15 Rn. 9.

Für den Museumsbereich relevant ist insbesondere das **Vorführungsrecht.** Das Vorführungsrecht ist das Recht, ein Werk der bildenden Künste, ein Lichtbildwerk, ein Filmwerk oder Darstellungen wissenschaftlicher oder technischer Art durch technische Einrichtungen wahrnehmbar zu machen. Technische Einrichtung in diesem Sinne sind z.B. Bildschirme, Lautsprecher, Projektoren, PCs, Beamer und ähnliche Einrichtungen.[8] 31

b) Recht der öffentlichen Zugänglichmachung (§ 19 a UrhG)

Das Recht der öffentlichen Zugänglichmachung erfasst den für das Internet charakteristischen Vorgang, Werke online zur Verfügung zu stellen. Öffentlich zugänglich machen heißt, ein Werk drahtgebunden oder drahtlos der Öffentlichkeit in einer Weise zugänglich zumachen, dass es Mitgliedern der Öffentlichkeit von Orten und zu Zeiten ihrer Wahl zugänglich ist. 32

Durch das Merkmal **"drahtgebunden oder drahtlos"** kommt zum Ausdruck, dass die Vorschrift unabhängig von der dem Übertragungsvorgang zugrundeliegenden Technologie Anwendung finden soll. 33

Grundsätzlich kommt es darauf an, dass der Nutzer es in der Hand hat, das Werk abzurufen, wann er es möchte. Der Zugriff **"zu Zeiten ihrer Wahl"** setzt voraus, dass ein Werk tatsächlich über einen längeren Zeitraum zum Abruf bereitgehalten wird, da der Anwender andernfalls nicht die Möglichkeit hat, den Zeitpunkt zu bestimmen, zu dem er das Werk abruft. 34

Das Merkmal **von "Orten der Wahl"** bedeutet nicht, dass der Werknutzer das Werk von jedem erdenklichen Ort bzw. von beliebigen technischen Medien aus abrufen können muss. Erfasst ist beispielsweise auch der Fall eines unternehmensgebundenen Intranets, bei dem das Werk an verschiedenen Arbeitsplätzen bzw. Orten, an denen das Unternehmen tätig ist, zugänglich ist.[9] 35

Nicht hingegen erfasst ist der Fall, dass der Werknutzer an einem bestimmten Standort im Museum beispielsweise audiovisuelle Medien abrufen kann (Museumsterminal). Er kann bei einer solchen Einrichtung zwar darüber bestimmen, zu welchem Zeitpunkt er sich das Werk zugänglich macht. Er ist aber in Bezug auf die Wahl des Ortes nicht frei, sondern gebunden. Der Ort der Bereithaltung und der Wahrnchmbarmachung fallen zusammen. Dieser Vorgang wäre hingegen vom Vorführungsrecht erfasst. 36

Ebenfalls nicht unter die Vorschrift des § 19 a UrhG fallen E-Mail-Sendungen: Zwar kann der Empfänger jederzeit auf die in seiner Mailbox gespeicherten Nachrichten zugreifen – jedoch fehlt es an dem für den § 19 a UrhG erforderlichen Bereitstellen, da der Absender die E-Mail nur einmal verschickt. Es handelt sich hierbei um eine schlichte Vervielfältigung gemäß § 16 Abs. 1 UrhG, so dass auch diese Nutzung in der Regel der Zustimmung des Urhebers bedarf. 37

8 Dreier/Schulze-*Dreier*, § 19 Rn. 17.
9 Wandtke/Bullinger-*Bullinger*, § 19 a Rn. 8.

c) Senderecht (§ 20 UrhG)

38 Das Senderecht ist das Recht, ein Werk durch Funk, wie Ton- und Fernsehrundfunk, Satellitenrundfunk, Kabelfunk oder ähnliche technische Mittel der Öffentlichkeit zugänglich zu machen. Diese Vorschrift ist insbesondere im Rundfunkbereich relevant. Aber auch Vorgänge im Internet können unter das Senderecht fallen. Anders als bei der öffentlichen Zugänglichmachung bestimmt bei der Sendung nicht der Nutzer wann er das Werk abruft; er kann sich nur in die "Sendung" einschalten. Dies ist bei allen linearen Formen des Streaming der Fall.

d) Recht der Wiedergabe durch Bild- und Tonträger (§ 21 UrhG)

39 Dieses Verwertungsrecht erfasst das Recht, Vorträge oder Aufführungen mittels Bild- oder Tonträger öffentlich wahrnehmbar zu machen. Es handelt sich um ein mit den Rechten des § 19 Abs. 1 und 2 UrhG korrespondierendes Zweitverwertungsrecht. Der Urheber hat damit das Recht, zu entscheiden, ob beispielsweise auf Magnetbändern, CD-ROM, DVD etc. gespeicherte Werke gegenüber einem an einem Ort versammelten Empfängerkreis unmittelbar für die menschlichen Sinne wahrnehmbar wiedergegeben werden dürfen. Relevant wird dieses Recht beispielsweise beim Abspielen von Musik-CDs auf Veranstaltungen. Das Zweitverwertungsrecht nach § 21 UrhG wird weitestgehend von Verwertungsgesellschaften wahrgenommen.

e) Recht der Wiedergabe von Funksendungen und von öffentlicher Zugänglichmachung (§ 22 UrhG)

40 Ergänzend zum Zweitverwertungsrecht nach § 21 UrhG erfasst das Recht nach § 22 UrhG die unmittelbare öffentliche Wahrnehmbarmachung von ausgestrahlten Funksendungen oder öffentlich zugänglich gemachten Werken; Gegenstand ist beispielsweise die Ausstrahlung von Fernsehprogrammen in Hotels und Warteräumen, wie zum Beispiel in Flughafenlounges. Auch dieses Recht wird als Zweitverwertungsrecht von Verwertungsgesellschaften kollektiv wahrgenommen.

Fazit: *Jede Nutzung urheberrechtlich geschützter Werke durch ein Museum, die einem der urheberrechtlichen Verwertungsrechte unterfällt, bedarf grundsätzlich der Zustimmung des Urhebers bzw. des Rechteinhabers.*

V. Schranken des Urheberrechts

Das Urheberrecht gilt nicht schrankenlos. Um das Interesse der Allgemeinheit an einem möglichst unbeschränkten Werkgenuss und das Interesse des Urhebers an einer möglichst umfassenden Auswertung des Werks in Einklang zu bringen, hat der Gesetzgeber eine abschließende Anzahl von Fällen geregelt, in denen ausnahmsweise eine Nutzung des Werks ohne Zustimmung des Urhebers möglich ist. Hierzu gehört insbesondere die sogenannte "Privatkopie". Die Schrankenbestimmungen ermöglichen teilweise eine unentgeltliche Nutzung der Werke des Urhebers, teilweise erhält der Urheber einen Anspruch auf angemessene Vergütung. 41

Schutzwürdige Belange der Allgemeinheit, die im Urheberrechtsgesetz Niederschlag gefunden haben sind insbesondere die Belange der Rechtspflege und der öffentlichen Sicherheit, die Belange behinderter Menschen, die Erleichterung des Schulunterrichts und des liturgischen Gebrauchs, die Erleichterung der Berichterstattung, die Freiheit des geistigen Schaffens, die Privilegierung des privaten und sonstigen eigenen Gebrauchs (Privatkopie), der erleichterte Zugang zu bestimmten öffentlichen Wiedergaben. 42

Zu den einzelnen, im Museumsbereich relevanten Schranken wird auf Teil 3 verwiesen. 43

VI. Zeitliche Begrenzung des Urheberrechts

Das Urheberrecht ist zeitlich begrenzt. Gemäß § 64 UrhG gilt, dass das Urheberrecht **70 Jahre nach dem Tod des Urhebers** erlischt. Diese Frist beginnt mit dem Anfang des Jahres, das auf den Tod des Urhebers folgt, zu laufen. 44

Nach Ablauf dieser Schutzfrist ist das Werk gemeinfrei und kann beliebig, d.h. grundsätzlich von jedermann genutzt werden.

Zur Schutzfristenberechnung bei Fotografien und Filmen im Einzelnen wird auf Teil 2, Ziff. II verwiesen.

VII. Leistungsschutzrechte

Neben dem Urheberrechtsschutz gewährt das Urheberrechtsgesetz sogenannte **"verwandte Schutzrechte"** (auch Leistungsschutzrechte genannt) für **künstlerische, wissenschaftliche oder gewerbliche Leistungen**, die mangels Werkqualität keinen urheberrechtlichen Schutz genießen. Leistungsschutzrechte bestehen also unabhängig davon, ob Werkcharakter gegeben ist. Diese gewähren dem Rechteinhaber ein ausschließliches Recht wie das Urheberrecht; der Leistungsschutzberechtigte verfügt über identische Verwertungsrechte und die Schranken des Urheberrechts finden auch auf Leistungsschutzrechte Anwendung. Unterschiede bestehen insbesondere hinsichtlich der Schutzdauer, die grundsätzlich hinter der des Urheberrechts zurückbleibt und an 45 andere Ausgangspunkte anknüpft. Während das Urheberrecht gemäß § 64 UrhG siebzig Jahre nach dem Tod des Urhebers besteht, erlöschen Leistungsschutzrechte an einfachen Lichtbildern beispielsweise fünfzig Jahre nach dem Erscheinen bzw. nach Herstellung.

46 Verwandte Schutzrechte sind insbesondere der Schutz wissenschaftlicher Ausgaben nicht (mehr) geschützter Werke (§ 70 UrhG), der Schutz nachgelassener (nach dem Tod des Autors herausgegebener) Werke (§ 71 UrhG), der Schutz von einfachen Lichtbildern, die keinen Werkcharakter haben (§ 72 UrhG), den Schutz des ausübenden Künstlers (§ 73 ff. UrhG), der Schutz des Veranstalters (§ 81 UrhG), der Schutz des Herstellers von Tonträgern (§§ 85 f. UrhG), der Schutz des Sendeunternehmens (§ 87 UrhG) und der Schutz des Datenbankherstellers (§§ 87 a ff. UrhG).

47 In Teil 2 wird wegen der im Museumsbereich praktisch relevanten Unterschiede bei der Schutzfristenberechnung insbesondere auf die Abgrenzung zwischen leistungsschutzrechtlichen Lichtbildern und urheberrechtlich geschützten Lichtbildwerken sowie zwischen leistungsschutzrechtlichen Laufbildern und urheberrechtlich geschützten Filmwerken eingegangen.

VIII. Urhebervertragsrecht

48 Aus dem unter Ziffer I. bis VII. Dargestellten ergibt sich, dass der Verwerter, der ein urheberrechtlich geschütztes Werk oder einen leistungsschutzrechtlich geschützten Gegenstand nutzen möchte, grundsätzlich mit dem Urheber oder Leistungsschutzberechtigten einen sogenannten **Lizenzvertrag** abschließen muss. Weil das Urheberrecht den Zweck verfolgt, den Urheber so weit wie möglich an der Verwertung seines Werks zu beteiligen (sogenannter "Beteiligungsgrundsatz"), besteht bei der Auslegung von urheberrechtlichen Lizenzverträgen folgende Besonderheit: Sind bei der Einräumung eines Nutzungsrechts die Nutzungsarten nicht ausdrücklich einzeln bezeichnet, so ist davon auszugehen, dass der Urheber dem Verwerter nur so wenig Rechte wie unbedingt zur Erreichung des Vertragszwecks notwendig eingeräumt hat. In diesen Fällen bestimmt sich nach dem von beiden Parteien zugrunde gelegten Vertragszweck, auf welche Nutzungsarten sich die Rechteeinräumung erstreckt ("Zweckübertragungslehre"). Entsprechendes gilt für die Frage, ob ein Nutzungsrecht eingeräumt wird, ob es sich um ein einfaches oder ausschließliches Nutzungsrecht handelt, wie weit Nutzungsrecht und Verbotsrecht reichen und welchen Einschränkungen das Nutzungsrecht unterliegt. Zu den praktischen Konsequenzen, die diese Prinzipien auf die Vertragspraxis haben, siehe unten in Teil 5 Ziffer II.

Teil 2:
Rechte an den Beständen

Um zu klären, ob ein bestimmtes Stück aus dem Bestand eines Museums frei verwertet 49
werden kann oder ob bei der Verwertung, z.B. dem Abdruck in einem Bildband, Urheber- oder Leistungsschutzrechte zu beachten sind, muss in einem ersten Schritt geklärt werden, ob der jeweilige Bestand (noch) urheber- oder leistungsschutzrechtlich geschützt ist. Für Kunstmuseen stellt sich nur die Frage, ob die urheberrechtliche Schutzfrist an dem Gegenstand schon abgelaufen ist, denn dass ein Kunstwerk urheberrechtlich geschützt ist, ist klar. Bei historischen Museen, Technikmuseen, Designmuseen oder anderen Museen kann die Einordnung der Bestandsstücke schwieriger sein.

Da viele Museen über umfangreiche Bestände von Foto- und Filmmaterial verfügen, 50
setzt die nachfolgende Darstellung einen besonderen Schwerpunkt auf Foto- und Filmmaterial. Zudem gibt es sowohl bei Foto- als auch bei Filmmaterial die Besonderheit, dass Fotos und Filme sowohl dem Urheberrechts- als auch dem Leistungsschutz unterliegen können, so dass hier stets eine Abgrenzung erfolgen muss. Diese Zweiteilung in Urheber- und Leistungsschutz hat in der Praxis insbesondere Auswirkungen auf die Frage, bis wann der jeweilige Gegenstand noch geschützt ist (dazu unter Ziffer II.).

I. Schutz von Foto- und Filmmaterial

Viele der denkbaren Nutzungen von Fotografien und Filmen im Rahmen der Aktivi- 51
täten eines Museums tangieren Urheber- oder Leistungsschutzrechte. Außerdem können Persönlichkeitsrechte berührt werden, sofern Personen abgebildet sind. Im Folgenden werden die bei der Nutzung von Fotografien und Filmen zu beachtenden Rechte dargestellt.

1. Rechte am Fotomaterial

Bei Fotografien können sich Rechte des Fotografen (hierzu unter a), Rechte an dem 52
fotografierten Gegenstand (hierzu unter b) und Rechte von abgebildeten Personen (hierzu unter c) überlagern. Grundsätzlich sind all diese Rechte zu beachten.

a) *Rechte des Fotografen*

53 Fotografien sind stets entweder als einfache Lichtbilder leistungsschutzrechtlich oder als Lichtbildwerke urheberrechtlich geschützt. Das Urheberrecht schützt dabei "Werke", also "persönliche geistige Schöpfungen" (§ 2 Abs. 2 UrhG), während Leistungsschutzrechte (§ 72 UrhG) dann eingreifen, wenn dem Foto jegliche schöpferische Individualität fehlt.[10]

54 Grundsätzlich stehen dem Urheber eines Lichtbildwerks und dem Schöpfer eines einfachen Lichtbilds dem Umfang nach die gleichen Rechte zu. Die Differenzierung ist aufgrund der unterschiedlichen Schutzfrist aber relevant für die Praxis.

aa) *Lichtbilder (§ 72 UrhG)*

55 Lichtbilder sind Fotos jeglicher Art, die nicht schöpferisch sind, also Fotografien ohne künstlerische Aussage, mögen sie auch handwerklich solide und fachmännisch angefertigt sein.

56 **Als Lichtbilder wurden von der Rechtsprechung eingestuft:**

- alltägliche Amateurfotoaufnahmen
- Reise- und Familienfotos
- reine "Knipsbilder" (z.B. Foto von einem Messestand)
- Gegenstandsfotografien, die lediglich auf handwerksmäßigem Können beruhen

Beispiel: Verfügt das Museum/Archiv etwa über Fotoalben von Privatpersonen, so werden viele dieser Fotos als "einfache Lichtbilder" einzuordnen sein. Gleiches wird häufig auch für Produktfotografien aus Firmenbeständen gelten.

10 Wandtke/Bullinger-*Thum*, § 72 Rn. 7.

Album aus privatem Nachlass, Urlaub in Rompido, Spanien

Einzelfoto aus dem allgemeinen Fotobestand des Historischen Archivs der Stiftung Deutsches Technikmuseum Berlin, Lkw H 3 A, Bj. 1958

Album aus dem AEG-Bestand des Historischen Archivs der Stiftung Deutsches Technikmuseum Berlin, Fest der Technik, München 16.11.1956

57 Zu beachten ist in diesem Zusammenhang, dass eine bloße "Lichtbildkopie", also bloß technische Reproduktion, nicht leistungsschutzrechtlich geschützt ist, das Leistungsschutzrecht mithin eine Untergrenze hat. Der reine Reproduktionsvorgang begründet keinen Lichtbildschutz. Voraussetzung ist vielmehr ein Mindestmaß an geistiger Leistung.[11] Bloße Digitalisierungsvorgänge des Museums, z.B. von alten Büchern, führen daher nicht dazu, dass das Museum ein eigenes Leistungsschutzrecht erwirbt.

bb) Lichtbildwerke (§ 2 Abs. 1 Nr. 5 UrhG)

58 Von einfachen Lichtbildern abzugrenzen sind urheberrechtlich geschützte Lichtbildwerke. Zu den Lichtbildwerken zählen nur solche Fotografien, die sich gegenüber dem Alltäglichen durch ein Mindestmaß an schöpferischer Individualität auszeichnen. Dies kann eine künstlerische Aussage sein, die der Fotograf mit dem betreffenden Foto erreicht.[12] Die Anforderungen an die Gestaltungshöhe sind dabei jedoch gering.[13]

59 Auf den Gebrauchszweck kommt es hierbei nicht an. Deshalb können auch beispielsweise Werbefotografien, wissenschaftliche Fotografien oder die Fotos eines Bildreporters Lichtbildwerke sein.[14]

60 **Anhaltspunkte für die hinreichende Individualität eines Lichtbilds sind:**

- besonderer Bildausschnitt/besondere Perspektive
- besondere Licht- und Schattenkontraste
- besondere Schärfen und Unschärfen
- Wahl eines bestimmten Kameratyps, Objektivs oder anderer fotomechanischer Mittel
- besonderer Aufnahmezeitpunkt
- Echo in der Fachwelt[15]

61 **Urheberrechtsschutz als Lichtbildwerk wurde in Bezug auf das konkrete, dem Gericht vorliegende Foto bejaht für (Beispiele aus der Rechtsprechung):**

- Fotos von räumlichen Kunstobjekten oder Portraits
- Porträtfotos für Werbeanzeige / Porträtfoto für ein Werbeplakat
- Stimmung und Aussagekraft der Aufnahme von einem auftauchenden U-Boot
- Architekturfotografien

11 Siehe zur Untergrenze des Lichtbildschutzes BGH GRUR 1990, 669, 673 – Bibelreproduktion; BGH GRUR 1962, 470, 472 – AKI.

12 Dreier/Schulze-*Schulze*, § 2 Rn. 189 ff.

13 Wandtke/Bullinger-*Thum*, § 72 Rn. 7.

14 Dreier/Schulze-*Schulze*, § 2 Rn. 193.

15 Dieses Kriterium begründet zwar nicht unmittelbar die Schöpfungshöhe eines Fotos, jedoch wird sich ein Richter bei der Beurteilung der Schöpfungshöhe bewusst oder unbewusst von dem Echo, das das Werk eines Urhebers in der Fachwelt erlangt hat, leiten lassen. Deshalb kann die Bekanntheit und das Renommee eines Fotografen für das Museumspersonal durchaus als Anhaltspunkt dienen. Finden sich im Museum/Archiv Fotos bekannter Fotografen, so ist in aller Regel davon auszugehen, dass es sich dabei um Lichtbildwerke handelt.

Beispiele: 62

Schauspieler M. Wiemann in einer Bücker 131 Jungmann, 30er Jahre, Foto aus der Fotosammlung Schaller

Bei dieser schwarz-weiß Fotografie des Fotografen Hans Schaller ist der Bildausschnitt (es ist nur der Flügelbereich des Flugzeugs sichtbar), die Perspektive (leicht von unten) sowie die Komposition zwischen Licht und Schatten als schöpferisch zu beurteilen. Auch ist zu beachten, dass die Fotografien von Hans Schaller insgesamt in der Fachwelt ein großes Echo gefunden haben, was dafür spricht, dass vielen seiner Fotografien Werkcharakter zuzusprechen sein wird. 63

Segelflieger-Schulung der Deutschen Hochschule für Leibesübungen in Gatow, 30er Jahre, Foto aus der Fotosammlung Schaller

64 Gleiches gilt bei dieser schwarz-weiß Fotografie von Hans Schaller. Eine durchdachte Komposition des Fotos ist deutlich erkennbar und zeigt sich in den Linien, der Perspektive und der Gestik und Mimik der abgebildeten Personen. Alles in dem Foto strebt zum für den Betrachter nicht sichtbaren Horizont. Hierdurch bekommt das Foto eine über das Handwerkliche hinausgehende Bedeutung.

b) Rechte der Urheber von auf den Fotografien abgebildeten Gegenständen

65 Wenn auf einem Foto Kunstwerke oder andere urheberrechtlich geschützte Gegenstände abgebildet sind, sind neben den Rechten der Fotografen auch die Rechte des Urhebers zu beachten, der den auf dem Foto abgebildeten Gegenstand geschaffen hat. Diese gilt wegen der sog. "Panoramafreiheit" nicht, wenn das abgebildete Werk sich bleibend an öffentlichen Wegen, Straßen oder Plätzen befindet (§ 59 UrhG). Dies wird bei Architekturfotografien häufig der Fall sein.[16]

66 Ein gutes Beispiel für einen urheberrechtlich geschützten Bestand ist der berühmte AEG-Wasserkessel von Peter Behrens. Der Kessel wird teilweise als Geburtsstunde des modernen Industriedesigns angesehen. Da der Kessel selbst die notwendige schöp-

16 BGH NJW 2004, 594-595 – Hundertwasser-Haus.

ferische Gestaltungshöhe aufweist, ist nicht nur das Recht des Fotografen, der den Kessel abgelichtet hat, zu beachten, sondern auch das Urheberrecht am Kessel selbst, das Behrens bzw. seinen Erben zusteht.

Bestehen an dem abgebildeten Gegenstand selbst Schutzrechte, so überlagern sich 67
also zwei Kategorien von Rechten: Das Recht am Foto und das Recht am abgebildeten Gegenstand.[17] In diesen Fällen müssen für die Nutzung des Fotos nicht nur mit dem Fotografen, sondern auch mit dem Urheber/den Erben des Urhebers/der VG-Bild-Kunst[18] des fotografierten Gegenstands die Rechte geklärt werden, es sei denn, das Urheberrecht ist bereits erloschen, weil der Tod des Urhebers schon länger als 70 Jahre zurückliegt.

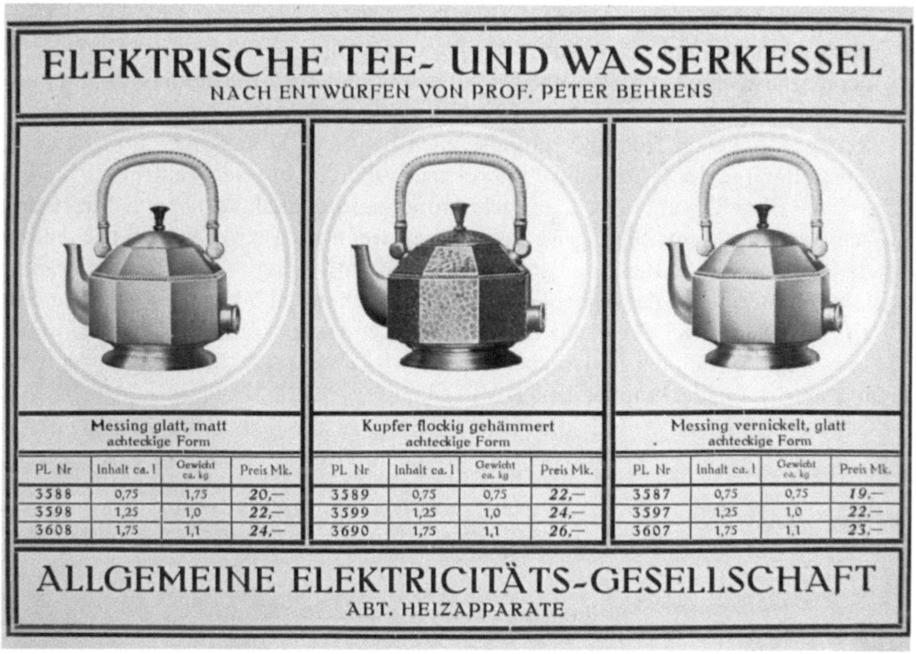

Werbeanzeige für elektrische Tee- und Wasserkessel, Entwurf Peter Behrens, 1913

17 Siehe dazu auch Garbers-von Boehm, Rechtliche Aspekte der Digitalisierung und Kommerzialisierung musealer Bildarchive, im Erscheinen.

18 Unter http://www.bildkunst.de/ kann ermittelt werden, ob ein Künstler die Wahrnehmung seiner Rechte der VG Bild-Kunst übertragen hat.

c) *Rechte abgebildeter Personen*

68 Sofern auf einer Fotografie, die das Museum nutzen möchte, Menschen abgebildet sind, ist das Recht am eigenen Bild der abgebildeten Person zu beachten. Das Recht am eigenen Bild ist als Teil des allgemeinen Persönlichkeitsrechts Ausfluss der Menschenwürde. Gemäß § 22 KUG (Kunsturhebergesetz) dürften Bildnisse **grundsätzlich nur mit Einwilligung** des Abgebildeten verbreitet oder öffentlich zur Schau gestellt werden. Unter den Begriff des Bildnisses fallen nicht nur Fotografien, sondern jegliche bildliche Darstellungen, die die Person erkennen lassen, also auch z.B. Karikaturen, Puppen, Münzprägungen oder Skulpturen.[19] Verbreitung ist jede Weitergabe des Originals oder eines Vervielfältigungsstücks.[20] Zurschaustellen ist jede Schaffung der Möglichkeit, das Bild wahrzunehmen. Persönlichkeitsrechtlich relevant ist aber nur die öffentliche Zurschaustellung, d.h. wenn das Bildnis nicht nur innerhalb eines abgegrenzten Personenkreises wiedergegeben wird. Damit dürfte die rein interne Nutzung im Archiv nur durch Mitarbeiter des Museums zulässig sein. Relevant ist das Recht am eigenen Bild aber grundsätzlich bei jeder Weitergabe eines Fotos, jeder Ausstellung in der Öffentlichkeit und jedem Abdruck in einer Veröffentlichung.

69 Eine Einwilligung muss aber nicht immer ausdrücklich vorliegen. Von einer stillschweigenden Einwilligung ist auszugehen, wenn der Betroffene bei der Aufnahme den Zweck und Umfang der geplanten Veröffentlichung seines Bildes gekannt hat. Gleiches gilt, wenn der Abgebildete dafür, dass er sich abbilden ließ, eine Entlohnung erhielt (§ 22 S. 2 KUG). In jedem Fall muss aber der konkrete Zweck und Umfang der Einwilligung nach der im Urheberrecht entwickelten Zweckübertragungslehre ermittelt werden (s. hierzu unter Teil 1, VIII)[21].

19 Wandtke/Bullinger-*Fricke*, § 22 KUG Rn. 5.
20 Schricker-*Götting*, § 60 / § 22 KUG Rn. 36.
21 v. Hartlieb/Schwarz-*N.Reber*, 24. Kapitel, Rn. 6.

Keine Einwilligung ist gemäß § 23 Abs. 1 KUG erforderlich, wenn es sich um **Bildnisse aus dem Bereich der Zeitgeschichte** handelt, es sei denn, der Veröffentlichung stehen berechtigte Interessen des Abgebildeten entgegen. Der Begriff der Zeitgeschichte in § 23 Abs. 1 Nr. 1 KUG erfasst nicht nur Vorgänge von historischer oder politischer Bedeutung, sondern er wird vom Informationsinteresse der Öffentlichkeit her bestimmt.[22] Unter den Begriff der Zeitgeschichte fallen alle Vorgänge von gesellschaftlicher Relevanz, weil die Öffentlichkeit ein Recht hat, hierüber unterrichtet zu werden.[23] Dies betrifft in erster Linie sogenannte absolute Personen der Zeitgeschichte, die aus der Masse ihrer Mitmenschen aufgrund ihrer Stellung in Staat oder Gesellschaft sowie durch außergewöhnliches Verhalten herausragen und deshalb dauerhaft im Blickpunkt der Öffentlichkeit stehen (Prominenz z.B. Politiker, Sportler, Musiker, Schauspieler, Angehörige regierender Fürstenhäuser). 70

Willy Brandt drückt den Startknopf für das deutsche Farbfernsehen, IFA 1967, Foto aus dem AEG-Bestand des Historischen Archivs der Stiftung Deutsches Technikmuseum Berlin.

22 BVerfG NJW 2000, 1021, 1025 – Caroline von Monaco.
23 Dreier/Schulze-*Dreier*, § 23 KUG Rn. 3.

71 Daneben fallen aber auch Abbildungen von Personen in den Bereich der Zeitgeschichte, die nur im Zusammenhang mit bestimmten Ereignissen (eine einmalige publikumswirksame Aktion, aber z.B. auch ein Unfall) oder auch an der Seite einer prominenten Person in das Blickfeld der Öffentlichkeit treten.

Reg. Bürgermeister W. Brandt im Röhrenwerk Berlin, 1958, Foto aus dem AEG-Bestand des Historischen Archivs der Stiftung Deutsches Technikmuseum Berlin.

Auch wenn die abgebildete Person nur als **Beiwerk** neben einer Landschaft oder 72
sonstigen Örtlichkeit erscheint, ist keine Zustimmung erforderlich. Ein Beiwerk leistet keinerlei Beitrag zur Anschauung des eigentlichen Bildes. Die Personendarstellung spielt also in all diesen Fällen eine untergeordnete Rolle. Das Bild darf nicht einen bestimmten Einzelnen zeigen. Daraus ergibt sich auch, dass Vergrößerungen oder Zuschnitte unzulässig sind, wenn dadurch bestimmte Personen in den Mittelpunkt gerückt werden.

AEG Gleichstrommaschine, Anker, 1912, Foto aus dem AEG-Bestand des Historischen Archivs der Stiftung Deutsches Technikmuseum Berlin

Stimmungsbild vom Rhön-Wettbewerb, 1933, Foto aus der Fotosammlung Schaller

73 Schließlich dürfen Abbildungen von **Personen in der Menge** auf Veranstaltungen (Versammlungen, öffentliche Feste, Demonstrationen usw.) zustimmungsfrei genutzt werden. Allerdings darf es sich nicht um das Foto eines einzelnen Teilnehmers handeln, sondern bei der Abbildung muss vom Gesamteindruck her die Menschenansammlung im Vordergrund stehen. Dann kann es ohne Einwilligung der Teilnehmer veröffentlicht werden. Nicht zulässig sind dagegen Veröffentlichungen von Großaufnahmen einzelner Teilnehmer ohne deren Zustimmung.

Besuch von R. Kennedy in Berlin, 1964 Fabrikhof AEG im Wedding, Foto aus dem AEG-Bestand des Historischen Archivs der Stiftung Deutsches Technikmuseum Berlin,

74 In diesen Fällen kann das Foto grundsätzlich ohne Einwilligung der Abgebildeten verwendet werden. Dies gilt jedoch nicht, wenn berechtigte Interessen des Abgebildeten dadurch verletzt werden, z.B. bei Bildern aus der Intim- und Privatsphäre, wenn der Aussagegehalt eines Bildnisses verfälscht wird oder ein Bildnis zu Werbezwecken verwendet wird.

75 Das Recht am eigenen Bild besteht bis zum Ablauf von **zehn Jahren** nach dem Tod (§ 22 S. 3 KUG). Aus dem postmortalen allgemeinen Persönlichkeitsrecht kann in Ausnahmefällen auch nach Ablauf der Zehnjahresfrist ein Schutz vor unbefugter Ab-

bildung in Betracht kommen; dies setzt jedoch einen Angriff auf die Menschenwürde voraus[24] und wird im Fall von Museen oder Archiven kaum je der Fall sein.

Gegebenenfalls müssen daher vor der Nutzung des Fotos durch das Museum (Ausstellung, Abdruck o.ä.) die abgebildeten Personen ermittelt und deren Einverständnis (bzw. nach deren Tod das Einverständnis ihrer Angehörigen) eingeholt werden. Andernfalls können die Bilder ggf. so bearbeitet werden, dass die abgebildeten Personen nicht erkennbar sind, z.B. durch Schwärzungen. 76

Fazit:

- *Grundsätzlich dürfen urheber- oder leistungsschutzrechtlich geschützte Fotografien nicht ohne die Zustimmung des Fotografen bzw. dessen Erben verwertet werden, es sei denn, die Nutzungshandlung fällt in den Anwendungsbereich einer urheberrechtlichen Schranke (dazu unter Ziffer V) oder die Schutzfrist ist bereits ausgelaufen (dazu unter Ziffer VI).*
- *Ob ein Foto urheber- oder leistungsschutzrechtlich geschützt ist, ist immer anhand des konkreten Einzelfalls zu entscheiden.*
- *Ist auf dem Foto ein urheberrechtlich geschützter Gegenstand abgebildet, so ist zusätzlich das Recht des Urhebers dieses Gegenstandes zu beachten.*
- *Sind auf dem Foto Personen abgebildet, so sind gegebenenfalls deren Einwilligungen einzuholen.*

2. Rechte an Filmmaterial

Für die Frage, welche Rechte bei der Nutzung von Filmmaterial grundsätzlich zu beachten sind und wem nach dem UrhG Rechte an dem Filmmaterial zustehen, kommt es zunächst auf die Unterscheidung zwischen Filmwerken und Laufbildern an. 77

a) Abgrenzung Filmwerk/Laufbild

Filme sind entweder als einfaches Laufbild nach § 95 UrhG leistungsschutzrechtlich oder als Filmwerk nach § 2 Abs. 1 Nr. 6 UrhG urheberrechtlich geschützt. Unter Film ist jede auf einem Filmträger festgehaltene Bildfolge oder Bild- und Tonfolge, die den Eindruck eines bewegten Bildes entstehen lässt, zu verstehen. Auf das Aufnahmeverfahren oder das Trägermaterial kommt es dabei nicht an. Die Differenzierung zwischen Filmwerk und Laufbild ist relevant für die Praxis, da auch hier insbesondere die Schutzfristen unterschiedlich sind. 78

Filmwerke sind Filme, die eine persönliche geistige Schöpfung nach § 2 Abs. 2 UrhG enthalten. Voraussetzung hierfür ist, dass der Film eine hinreichende Schöpfungshöhe erreicht. Dies ist im Einzelfall anhand des Grads an Individualität und Kreativität zu beurteilen. Es kommt darauf an, dass der Film das Ergebnis eines schöp- 79

24 Wandtke/Bullinger-*Fricke*, § 22 KUG Rn. 10.

ferischen Prozesses darstellt, bei dem ein vorhandener Gestaltungsspielraum z.B. durch Auswahl, Anordnung und Sammlung des Stoffes sowie durch die Art der Zusammenstellung der einzelnen Bildfolgen im Hinblick auf Handlungsablauf, Regie, Kameraführung, Tongestaltung, Schnitt, Filmmusik, Szenenbild, Kostümgestaltung etc. auf individuelle Weise genutzt wird. Dieser schöpferische Beitrag darf nicht allzu gering sein, wobei darauf abzustellen ist, dass das Werk über das bloß Handwerkliche hinausgeht.[25]

80 Anhand dieser Kriterien lassen sich folgende verallgemeinernde Aussagen treffen: Anspruchslose Amateurfilme sind in der Regel keine Filmwerke sondern Laufbilder. Spielfilme sind hingegen regelmäßig als Filmwerke geschützt. Gleiches gilt für die meisten Zeichentrickfilme.[26] Auf den Zweck kommt es dabei nicht an, so dass auch Werbefilme ein urheberrechtlich geschütztes Werk sein können.[27] Bei Dokumentationen ist hingegen eine genauere Differenzierung erforderlich. Der Dokumentarfilm wird in der Regel aufgrund seines durchdachten Konzepts, der Aufbereitung des Themas, der individuellen Gestaltung des Tatsachenstoffs und der Bildfolgen urheberrechtlich geschützt sein. Hingegen fehlt es an einer persönlichen geistigen Schöpfung beim bloßen Abfilmen tatsächlicher Ereignisse. Auch kurze Filmdokumentationen, die ohne künstlerische Gestaltung rein der Informationsvermittlung dienen, sind als bloße Laufbilder anzusehen.[28]

b) Rechte an Laufbildern

81 Bei Laufbildern sind Rechte des Produzenten am Filmträger (aa), Urheberrechte an vorbestehenden Werken (bb) und Persönlichkeitsrechte der Abgebildeten (cc) zu beachten.

aa) Rechte des Filmherstellers

82 Rechte an einem Laufbild stehen in erster Linie dem Filmhersteller, also dem Produzenten zu. Der Filmhersteller hat ein eigenes Leistungsschutzrecht, weil er das wirtschaftliche Risiko bei der Filmproduktion übernommen hat. Dies gilt sowohl für das Filmwerk (§ 94 UrhG) als auch für Laufbilder nach § 95 UrhG.

83 **Filmhersteller** in diesem Sinne ist derjenige, dem die erste Bildfolgenfixierung unternehmerisch zuzurechnen ist. Er hat die technische und organisatorische Leitung inne und ist wirtschaftlich für den ersten Festlegungsvorgang verantwortlich. Nicht als

25 Schricker-*Loewenheim*, § 2 Rn. 186 ff.
26 Wandtke/Bullinger-*Bullinger*, § 2 Rn. 122.
27 Wandtke/Bullinger-*Bullinger*, § 2 Rn. 123.
28 BGHZ 9, 262, 268 – Lied der Wildbahn I.

Filmhersteller zu qualifizieren sind technische und organisatorische Mitarbeiter, die bei der Filmherstellung unterstützend wirken.[29]

84 Wer einem anderen den Auftrag erteilt, einen Film herzustellen, ist deshalb noch nicht Filmhersteller. Maßgeblich bleibt vielmehr nach wie vor, wer die wirtschaftliche und organisatorische Leistung tatsächlich erbringt. Auch bei z.B. Werbefilmen ist daher grundsätzlich davon auszugehen, dass sich an der Filmherstellereigenschaft des Auftragnehmers durch (auch strenge) Vorgaben des Auftraggebers nichts ändert.[30] Nur wenn der Produzent in jeder Hinsicht den Weisungen des Auftraggebers zu folgen hat, im Namen und auf Rechnung des Auftraggebers Verträge schließt und Rechte erwirbt und diesem die Finanzierung und das Risiko voll überlässt, kann ausnahmsweise davon ausgegangen werden, dass der Auftraggeber Filmhersteller ist.[31] Solche Umstände werden sich im Nachhinein jedoch schwer nachweisen lassen. Allerdings wird es häufig so sein, dass der Auftraggeber vom Filmhersteller im Rahmen des Auftrags die Rechte auf vertraglichem Wege umfassend erworben hat.

bb) Urheberrechte an vorbestehenden Werken (insbesondere Musik)

85 Sofern das Laufbild urheberrechtlich geschützte Werke – insbesondere Musik – enthält, sind auch die entsprechenden Rechte an dem enthaltenen Werk zu beachten.

86 Vor diesem Hintergrund erhebt die GEMA für die öffentliche Wiedergabe von Bildtonträgern eine pauschale Gebühr.

cc) Persönlichkeitsrechte

87 Schließlich ist auch bei Laufbildern das Recht am eigenen Bild der Abgebildeten zu beachten. Hierzu gelten die oben zu den Fotografien unter Ziffer I, 1, c dargestellten Grundsätze.

88 Bei Personen, die an einem "professionellen" Spiel- oder Werbefilm mitgewirkt haben, kann allerdings in der Regel von der Einwilligung der Mitwirkenden ausgegangen werden. Zum einen werden die Mitwirkenden im Zweifel eine Entlohnung erhalten haben, zum anderen wird ihnen die geplante Nutzung als Werbeaufnahme bewusst gewesen sein.

89 Bei Amateurfilmaufnahmen kann hingegen in der Regel nicht von einer stillschweigenden Einwilligung in die Verbreitung bzw. öffentliche Zurschaustellung ausgegangen werden. Deshalb ist es insbesondere bei Amateurfilmaufnahmen ratsam, Persönlichkeitsrechte gegebenenfalls nachträglich zu klären, sofern das Museum diese an Dritte, z.B. Sender weitergeben oder selbst veröffentlichen möchte.

29 V. Hartlieb/Schwarz-*U.Reber*, Kapitel 59, Rn. 2.
30 Dreier/Schulze-*Schulze*, § 94 Rn. 8.
31 Schricker-*Katzenberger*, Vor § 88 ff., Rn. 35.

90 Auch hier gilt, dass eine Einwilligung insbesondere dann nicht erforderlich ist, wenn eine Person nur als Beiwerk in dem Filmausschnitt erscheint, d.h. wenn die Personendarstellung in dem Filmausschnitt nur eine untergeordnete Rolle spielt. Dabei darf nicht ein bestimmter Einzelner z.B. in Vergrößerung gezeigt werden. Auch Aufnahmen in die Menge hinein bei öffentlichen Veranstaltungen dürfen zustimmungsfrei veröffentlicht werden.

c) Rechte an Filmwerken

91 Bei Filmwerken sind Rechte der Filmurheber, des Filmherstellers, der ausübenden Künstler, Rechte an vorbestehenden Werken sowie Persönlichkeitsrechte zu beachten.

aa) Rechte der Filmurheber

92 In vielen Fällen ist ein Filmwerk ein von mehreren Urhebern gemeinschaftlich geschaffenes Werk. Nach § 8 Abs. 2 UrhG steht das Recht zur Veröffentlichung und zur Verwertung des Werks dann den Miturhebern zur gesamten Hand, d.h. zur gemeinschaftlichen Ausübung zu.

93 Miturheber an einem Film sind i.d.R. der Regisseur und der Kameramann. Viele weitere Beteiligte können Miturheber sein, wenn zwischen den Beteiligten der Wille im Sinne einer Verständigung auf die gemeinsame Aufgabe bestand und die in Frage stehende Person einen schöpferischen Beitrag zum Filmwerk geleistet hat (z.B. Cutter, Beleuchter, Tonmeister). Welche Personen Miturheber eines konkreten Filmwerks sind, kann nur im Einzelfall beurteilt werden.

bb) Leistungsschutzrechte

94 Wie oben unter Ziffer 2, b, aa bereits dargestellt steht dem **Filmhersteller,** dem die Bildfolgenfixierung unternehmerisch zuzurechnen ist, ein Leistungsschutzrecht gemäß § 94 UrhG zu. Dies gilt unabhängig davon, ob der Film schöpferisch und damit Filmwerk ist, oder als bloßes Laufbild zu qualifizieren ist.

95 Darüber hinaus haben die **ausübenden Künstler** Leistungsschutzrechte gemäß § 73 ff. UrhG. Zu den ausübenden Künstlern gehören die an einem Film mitwirkenden Personen, z.B. Schauspieler, Synchronsprecher, Musiker, Sänger, Dirigenten.

cc) Urheberrechte an vorbestehenden Werken

96 Das urheberrechtlich geschützte Filmwerk ist von den urheberrechtlich geschützten vorbestehenden Werken, auf denen der Film basiert, zu unterscheiden.

97 Vorbestehende Werke sind in zwei Gruppen zu unterteilen: **Filmunabhängig** vorbestehende Werke, die zwar zur Filmherstellung benutzt werden, aber deren Hauptverwendung außerhalb der Filmherstellung liegt (z.B. Romanvorlage, vorbestehende Musik) und **filmbestimmte** vorbestehende Werke, deren Hauptverwendungszweck in der Filmherstellung liegt, auch wenn eine andere Verwendung theoretisch denkbar ist (z.B. Drehbuch, eigens komponierte Filmmusik, Filmarchitektur etc.).

98 Unabhängig davon, ob es sich bei der Filmmusik um vorbestehende oder eigens komponierte Musik handelt, nimmt die GEMA hinsichtlich der Musik grundsätzlich die Rechte wahr.[32]

dd) Persönlichkeitsrechte

99 Auch bei Filmwerken sind die Persönlichkeitsrechte der Abgebildeten tangiert. Insoweit kann auf die obigen Ausführungen verwiesen werden (Ziff. I. 1. c) =Rn. 70).

d) Rechteklärung

100 Auch wenn es somit bei Filmen eine Vielzahl möglicher Rechteinhaber gibt, ist für die Klärung der Rechte in erster Linie der Filmhersteller der richtige Ansprechpartner, wenn ein Museum einen Film nutzen möchte. Im Zweifel – d.h. vorbehaltlich anderer ausdrücklicher Vereinbarungen zwischen den Beteiligten und dem Produzenten – ist zur Geltendmachung der Rechte, die an einem Laufbild oder Filmwerk bestehen, der Filmhersteller berechtigt.

aa) Vermutungsregeln der §§ 88, 89 UrhG

101 Hinsichtlich der urheberrechtlich geschützten Beiträge zum Filmwerk (also z.B. Beitrag des Regisseurs, die eigens für den Film komponierte Musik) gilt gemäß § 89 UrhG:

> "*Wer sich zur Mitwirkung bei der Herstellung eines Films verpflichtet, räumt damit für den Fall, dass er ein Urheberrecht am Filmwerk erwirbt, dem Filmhersteller im Zweifel das ausschließliche Recht ein, das Filmwerk sowie Übersetzungen und andere filmische Bearbeitungen des Filmwerks auf alle Nutzungsarten zu nutzen.*"

102 Auch hinsichtlich der Leistungsschutzrechte der ausübenden Künstler (Schauspieler etc.) gilt gemäß § 92 UrhG eine entsprechende Vermutungsregel:

32 Filmvorführungs- und Wiedergaberechte nimmt die GEMA gemäß § 1 Lit. f), h) und i) Abs. 1 Berechtigungsvertrag wahr. Das Wiedergaberecht kann der Berechtigte jedoch zurückrufen und selbst wahrnehmen (siehe dazu Wandtke/Bullinger-*Ehrhardt*, § 19 Rn. 58).

"Schließt ein ausübender Künstler mit dem Filmhersteller einen Vertrag über seine Mitwirkung bei der Herstellung eines Filmwerks, so liegt darin im Zweifel hinsichtlich der Verwertung des Filmwerks die Einräumung des Rechts, die Darbietung auf eine der dem ausübenden Künstler nach § 77 Abs. 1 und 2 Satz 1 und § 78 Abs. 1 Nr. 1 und 2 [UrhG][33] *vorbehaltenen Nutzungsarten zu nutzen."*

103 Für vorbestehende Werke (z.B. Drehbuch, Roman, Musik) gilt seit dem 1.7.2002 ebenfalls, dass vermutet wird, dass der Urheber des vorbestehenden Werks dem Filmhersteller umfassende Rechte einräumt, wenn er diesem die Verfilmung gestattet (§ 88 UrhG).

104 Allerdings gilt dies nur für Verträge, die seit dem 1.7.2002 geschlossen worden sind. Für **Verträge, die vor dem 1.7.2002 geschlossen wurden** (bzw. zwischen dem Inkrafttreten des UrhG im Jahr 1966 und der Reform von 2002) galt gemäß § 88 UrhG a.F. eine weniger umfassende Vermutung, die insbesondere zwischen Rechten für Kino- und Fernsehfilme differenzierte und die Nutzungsrechte auf die betreffende Nutzungsart beschränkte. Diese Regelung ist für alle vor dem 1.7.2002 abgeschlossenen Verträge immer noch relevant. In der Praxis wurden allerdings auch vor 2002 den Filmherstellern in den Verträgen mit den Urhebern vorbestehender Werke häufig die umfassenden Rechte zur Nutzung des Werks im Rahmen des Films eingeräumt. Deshalb ist auch für den Fall, dass ein Film ein vorbestehendes Werk enthält, erster Ansprechpartner des Museums bei einer etwaigen Rechteklärung im Zweifel immer der Filmhersteller.

105 Gleiches gilt im Ergebnis für **vor 1966 geschlossene Altverträge**. Da den Vermutungsregeln der §§ 88, 89 UrhG die gängige Vertragspraxis im Filmgeschäft seit den 30er Jahren zugrunde liegt und der umfassende Rechteerwerb durch den Filmhersteller anerkanntes Richter- und Gewohnheitsrecht war und auch schon vor 1966 aus der Zweckübertragungslehre hergeleitet wurde,[34] ist auch für Filme von vor 1966 der Produzent erster Ansprechpartner des Museums.

106 Da die GEMA bezüglich der Musik über das Wiedergaberecht am Bildtonträger verfügt, sollten zusätzlich die Musikrechte mit der GEMA geklärt werden.

107 Um bei einer geplanten Verwertung sicher zu gehen, dass der Filmhersteller (oder gegebenenfalls das Unternehmen, das die Rechte umfassend vom Filmhersteller erworben hat) – insbesondere in Hinblick auf vorbestehende Werke – tatsächlich der Rechteinhaber ist, sollte sich das Museum vorsichtshalber die Rechtekette ("chain of title") erläutern lassen und gegebenenfalls vom Filmhersteller eine Haftungsfreistellung für den Fall der Inanspruchnahme durch Dritte verlangen. Dies hat den Grund, dass im Urheberrecht der Erwerber von Rechten nie mehr erwerben kann, als der Veräußerer selbst inne hat. Ein gutgläubiger Erwerb ist im Urheberrecht gerade nicht möglich.

108 Sollte der Filmhersteller nicht über die entsprechenden Rechte verfügen, so muss das Museum den jeweiligen Urheber selbst kontaktieren, was in der Praxis häufig erhebliche Schwierigkeiten bereitet.

33 Dort werden die Nutzungsrechte des ausübenden Künstlers näher beschrieben.
34 Siehe dazu: Wandtke/Bullinger-*Manegold*, § 89 Rn. 3.

bb) Neue Nutzungsarten

In der Praxis schwierig ist die Rechteklärung unter Umständen, wenn das Museum einen Film im Wege sog. "neuer Nutzungsarten", d.h. solche Nutzungsarten, die im Zeitpunkt des Vertragsschlusses zwischen dem Urheber und dem Filmhersteller noch nicht bekannt waren (also z.B. DVD, Internet etc.) verwerten möchte. Relevant wird dies beispielsweise bei der Herausgabe einer DVD von einem Kinofilm, der in den sechziger Jahren entstanden ist. Auch im Hinblick auf neue Nutzungsarten ist in erster Linie davon auszugehen, dass der Filmhersteller bzw. dessen Auftraggeber der erste Ansprechpartner des Museums ist. Vor dem 1.1.2008 war die Einräumung von Nutzungsrechten für noch nicht bekannte Nutzungsarten gemäß § 31 Abs. 4 a.F. UrhG unwirksam. Dies ist seit dem 1.1.2008 anders.[35] Grundsätzlich ist nun die Einräumung von Rechten auch für "unbekannte Nutzungsarten" möglich. 109

(1) Altfälle zwischen dem 1.1.1966 und dem 1.1.2008

Vor diesem Hintergrund bestimmt die **Übergangsregelung des § 137 l UrhG** für Altfälle, dass, sofern eine umfassende Rechteeinräumung zwischen dem 1.1.1966 und dem 1.1.2008 zwischen einem Urheber und seinem Vertragspartner vereinbart wurde, die zum Zeitpunkt des Vertragsschlusses unbekannten Nutzungsrechte als dem Vertragspartner ebenfalls eingeräumt gelten, sofern der Urheber nicht dem anderen gegenüber der Nutzung widerspricht. Dies gilt nicht nur zugunsten des Produzenten sondern auch für Dritte, wenn der Produzent alle Rechte einem Dritten (also z.B. seinem Auftraggeber) übertragen hat. Ein Widerspruch hiergegen konnte für Nutzungsarten, die am 1.1.2008 bereits bekannt sind, nur innerhalb eines Jahres, also bis zum 31.12.2008, erfolgen. 110

Daraus folgt für das Museum: Unter der Prämisse, dass das Museum an dem Filmmaterial umfassende Rechte erworben hat, kann das Museum seit dem 1.1.2009 die Inhalte auch auf Arten nutzen, die zum Zeitpunkt des Vertragsschlusses mit dem Urheber noch nicht bekannt waren (also z.B. DVD). Allerdings hat der Urheber, wenn das Museum eine neue Art der Werknutzung aufnimmt, die im Zeitpunkt des Vertragsschlusses zwischen Urheber und Produzent noch unbekannt war, nach § 137 l UrhG einen Anspruch auf eine gesonderte angemessene Vergütung. Diesen Anspruch kann der Urheber jedoch nur durch eine Verwertungsgesellschaft geltend machen. 111

Eine Verwertung auf eine Nutzungsart, die am 1.1.2008 noch nicht bekannt war, ist allerdings nur unter der Voraussetzung möglich, dass der/die Urheber zuvor benachrichtigt wurden und nicht widersprochen haben. 112

35 Zweites Gesetz zur Regelung des Urheberrechts in der Informationsgesellschaft, BGBl. I Nr. 54, S. 2513 ff.

(2) Filmproduktionen vor dem 1.1.1966

113 Auf die Verträge zwischen Urhebern bzw. sonstigen Mitwirkenden und dem Filmhersteller, die vor dem 1.1.1966 abgeschlossen wurden, gilt § 137l UrhG nicht, weil für diese Verträge nach § 132 Abs. 1 UrhG ohnehin die Regel nicht galt, dass die Einräumung von Rechten an unbekannten Nutzungsarten unwirksam ist. Deshalb wird bei weitreichenden Nutzungsrechtseinräumungen, die alle wesentlichen Nutzungsarten umfassen, davon auszugehen sein, dass dem Filmhersteller auch die Rechte an zum Zeitpunkt des Vertragsschlusses noch unbekannten Nutzungsarten eingeräumt wurden. Solch umfassenden Rechteeinräumungen, aus denen klar hervorgeht, dass sich der Vertragspartner des Filmherstellers aller Rechte an den vertragsgegenständlichen Filmen (mithin auch für unbekannte Nutzungsarten) begeben wollte, finden sich insbesondere in den sog. "Normalverträgen" für Urheber vorbestehender Werke, die in der damaligen Zeit von vielen Produzenten dem Branchenstandard entsprechend verwendet wurden. Dies gilt auch für die "Allgemeinen Anstellungsbedingungen" der Filmurheber, die "Tarifordnung für Filmschaffende" vom 19.8.1943, das vom Verband Deutscher Filmproduzenten e.V. vorgeschlagene "Muster für Anstellungsverträge" für Filmschaffende von 1955.[36]

114 **Fazit:**

1. *Bei Laufbildern ist in erster Linie das Leistungsschutzrecht des Produzenten zu beachten. Enthält das Laufbild vorbestehende Werke (insbesondere Musik) sind auch die hieran bestehenden Rechte zu beachten. Vor allem bei Amateurfilmen ist außerdem das Recht am eigenen Bild der Abgebildeten relevant.*
2. *Bei Filmwerken sind die Rechte der Filmurheber (insbesondere Regisseur und gegebenenfalls Drehbuchautor, Kameramann, Cutter), des Filmherstellers und der ausübenden Künstler (insbesondere Schauspieler), sowie Urheberrechte an vorbestehenden Werken (insbesondere Romanvorlage, Drehbuch, Musik etc.) und Persönlichkeitsrechte zu beachten.*
3. *Grundsätzlich gilt die Vermutung, dass der Filmhersteller die Rechte aller Mitwirkenden erworben hat. Sicherheitshalber sollte das Museum sich jedoch die Rechtekette vom Filmhersteller darlegen lassen und gegebenenfalls eine Freistellungserklärung verlangen.*
4. *Insbesondere bei Amateurfilmen sind darüber hinaus Persönlichkeitsrechte der abgebildeten Personen zu beachten.*
5. *Hinsichtlich der im Film verwendeten Musik ist die GEMA zur Wahrnehmung der Widergaberechte am Bild-Tonträger berechtigt.*

36 Siehe zu den Rechten am Filmvermögen der Friedrich-Wilhelm-Murnau-Stiftung ausführlich v. Hartlieb/Schwarz-*Schorn*, 55. Kapitel.

II. Schutzfristen

1. Schutzfristen bei Fotografien

Der Urheberrechts- bzw. Leistungsschutz ist zeitlich nicht unbegrenzt. Nach Ablauf der Schutzdauer können Fotografien – vorausgesetzt, es sind dadurch keine Rechte von Urhebern abgebildeter Gegenstände oder von abgebildeten Personen betroffen – von jedermann frei genutzt werden, d.h. sie sind "gemeinfrei". 115

Im Laufe der Zeit wurde die Schutzdauer für Fotografien mehrfach verlängert, nämlich von ursprünglichen fünf Jahren über zehn Jahre auf 25 Jahre und schließlich 50 Jahre (für einfache Lichtbilder) bzw. 70 Jahre (für Lichtbildwerke). Bis 1985 wurde, was die Schutzdauer betrifft, nicht zwischen Lichtbildwerken und einfachen Lichtbildern unterschieden. 116

Für Lichtbilder gilt erst seit dem 1.7.1995 **grundsätzlich die heute gültige 50-jährige Schutzdauer**. Für zahlreiche Lichtbilder war die früher maßgebliche Schutzdauer bereits abgelaufen, bevor die Verlängerungen der Schutzdauer von 1985 und 1995 in Kraft traten. Da die 1985 eingeführte Übergangsvorschrift des § 137 a UrhG voraussetzt, dass die Schutzfrist am 1.7.1985 noch nicht abgelaufen gewesen sein darf, kommt es bei Lichtbildern in Einzelfällen noch auf "altes Recht" an. Bestimmte Kategorien von Bildern sind dann in Anwendung des alten Rechts schon etwas früher "gemeinfrei" (dazu unter b). 117

a) Lichtbildwerke: 70 Jahre post mortem auctoris

Ergibt die Prüfung des Fotos, dass es sich aufgrund der Eigenart der Gestaltung um ein Lichtbildwerk handelt, so ist dieses nach geltender Rechtslage (§ 64 UrhG) bis **70 Jahre** nach dem Tod des Fotografen urheberrechtlich geschützt. Maßgebliches Kriterium sind also die **Lebensdaten des Fotografen.** 118

Obwohl die 70-jährige Schutzfrist erst seit dem 1.7.1985 gilt, ist sie über die Übergangsvorschriften der §§ 137 a, 137 f UrhG heute einheitlich auf alle Lichtbildwerke anwendbar.[37] 119

37 Nach der Übergangsvorschrift des § 137 a UrhG ist die 70-jährige Schutzdauer auch auf Lichtbildwerke anzuwenden, deren Schutzfrist am 1.7.1985 nach dem bis dahin geltenden Recht noch nicht abgelaufen war.
Die Frage, ob am 1.7.1985 noch ein Schutz bestand, richtet sich wiederum nach der vor 1985 bestehenden Rechtslage.
Bis 1966 galt gemäß § 26 S. 2 i.V.m. § 29 KUG, dass ein Schutz bis 25 Jahre nach dem Tod des Autors bestehen sollte.
Ab 1966 galt jedoch die verkürzte Schutzdauer von 25 Jahren nach Erscheinen bzw. nach Herstellung. Das bis zum 1.7.1985 geltende Recht sah gemäß § 68 UrhG für Fotografien lediglich eine Schutzfrist von 25 Jahren seit Erscheinen bzw. seit Herstellung vor. Seit dem 1.7.1985 gilt die 50-jährige Schutzfrist.

120 Die Schutzfrist berechnet sich dann wie folgt:

Die Frist beginnt mit dem auf das Todesdatum folgenden Kalenderjahr zu laufen (§ 69 UrhG). Dementsprechend enden urheberrechtliche Schutzfristen immer mit Ablauf des 31.12.eines Jahres.

Rechenbeispiel: Das Todesdatum eines Fotografen liegt im Jahre 1950, Fristbeginn ist der 1.1.1951; Fristende ist am 31.12.2020. Ab dem 1.1.2021 ist das Werk des Fotografen gemeinfrei.

Rechenbeispiel: Das Todesdatum eines Fotografen liegt im Jahr 1937, Fristbeginn ist der 1.1.1938; Fristende ist am 31.12.2007. Seit dem 1.1.2008 ist das Werk des Fotografen gemeinfrei.

Fazit:

- *Der Schutz von Lichtbildwerken beträgt einheitlich 70 Jahre nach dem Tod des Urhebers.*
- *Daraus folgt: Die Nutzung aller Lichtbildwerke von Fotografen, die 1939 oder früher verstorben sind, ist uneingeschränkt möglich.*
- *Alle übrigen Bilder werden künftig jeweils 70 Jahre nach dem Tod des Urhebers gemeinfrei.*

b) Lichtbilder

121 Bei Lichtbildern, also z.B. bei einfachen Schnappschüssen oder einfachen "technischen" Aufnahmen beginnt nach jetziger Rechtslage die **50-jährige Schutzfrist** mit **Veröffentlichung** bzw. bei unveröffentlichten Fotografien mit deren **Herstellung** (dazu sogleich unter aa). Nach früherer Rechtslage galten jedoch für Lichtbilder teilweise deutlich kürzere Schutzfristen, die in einigen wenigen Fällen noch nachwirken (dazu unten unter bb).

aa) Jetzige Rechtslage

122 Der Schutz an einem Lichtbild erlischt 50 Jahre nach Ablauf des Jahres, in dem es erschienen oder erstmalig öffentlich wiedergegeben worden ist. Nur wenn das Licht-

Diese unterschiedlichen Regelungen wurden jeweils durch entsprechende Übergangsvorschriften ergänzt. § 135 a UrhG verhinderte, dass für Werke, die vor 1966 erschienen waren, plötzlich eine drastische Schutzfristverkürzung eintrat und bestimmte, dass die 25 Jahre erst ab 1966 zu laufen begannen, was aber insgesamt nicht zu einer Schutzfristverlängerung führen durfte. Lichtbildwerke, die vor 1966 erschienen waren, waren also nach dieser zwischenzeitlich geltenden Rechtslage bis Ende 1990 geschützt und wurden folglich gemäß § 137 a in die aktuell geltenden Schutzfristen "hinübergerettet". § 137 f Abs. 2 UrhG, der nach ganz herrschender Meinung nur auf Lichtbildwerke, nicht aber auf einfache Lichtbilder anwendbar ist, bewirkt, dass selbst Fotografien, deren Schutz bei Inkrafttreten der 70-jährigen Schutzfrist am 1.7.1995 in Deutschland schon abgelaufen war von der 70-jährigen Schutzfrist profitieren, sofern sie noch in einem anderen Land der EU urheberrechtlich geschützt waren.

bild niemals erschienen ist, erlischt die Schutzfrist bereits 50 Jahre nach dessen Herstellung. Diese Regelung führt dazu, dass ein Lichtbild nach heutigem Recht maximal 100 Jahre geschützt sein kann, nämlich dann, wenn es im 50. Jahr nach seiner Herstellung veröffentlicht wird. Der Lauf der leistungsschutzrechtlichen Schutzfrist knüpft mithin in erster Linie an das Erscheinen, d.h. die Veröffentlichung der Fotografien an. Deshalb ist die Frage, wann eine Fotografie erstmals erschienen ist, ganz entscheidend und sollte gegebenenfalls von dem Museum mit in die Dokumentation über den jeweiligen Bestand aufgenommen werden. Nur wenn ein Lichtbild niemals erschienen ist, wird ersatzweise an das Erstellungsdatum des Lichtbilds angeknüpft. Auch diese Information sollte das Museum daher in die Dokumentation einpflegen.

Erschienen ist ein Lichtbild dann, wenn es in körperlicher Form an die Öffentlich- 123
keit gelangt ist. Mit Öffentlichkeit ist nicht die Allgemeinheit gemeint; es kann auch eine begrenzte Öffentlichkeit ausreichen, sofern es sich nicht um einen von vornherein bestimmten, abgegrenzten Personenkreis (z.B. die Familie) handelt. In Abgrenzung dazu bedeutet "öffentliche Wiedergabe" eine Veröffentlichung in unkörperlicher Form, also z.B. die Vorführung in einer Sendung. Gerade Privatfotos werden häufig niemals erschienen sein. In diesen Fällen kommt es auf das Herstellungsdatum an.

Unabhängig vom Erscheinungsdatum kann aufgrund des oben dargestellten Grund- 124
satzes nach heutigem Urheberrecht (maximale Schutzfrist beträgt 100 Jahre seit Erstellen des Fotos) mit Sicherheit gesagt werden, dass alle Lichtbilder, die **vor dem 1.1.1910 hergestellt** wurden, heute gemeinfrei sind.

Auch **vor dem 1.1.1960 erschienene Lichtbilder** sind danach seit dem 1.1.2010 125
mit Sicherheit gemeinfrei. Die Dauer des Lichtbildschutzes für einfache Lichtbilder beträgt seit dem 1.7.1985 einheitlich 50 Jahre nach Erscheinen bzw. Herstellung des Lichtbilds (§ 72 Abs. 3 S. 1 UrhG). Der Lauf der 50-jährigen Schutzfrist beginnt dabei entweder mit dem ersten Erscheinen des Lichtbilds oder – seit dem 1.7.1995 – alternativ auch mit seiner ersten öffentlichen Wiedergabe, d.h. der Veröffentlichung in unkörperlicher Form, also beispielsweise im Internet – je nachdem welches dieser beiden Ereignisse früher liegt, und vorausgesetzt, dass seit der Herstellung des Lichtbilds nicht mehr als 50 Jahre vergangen sind. Anderenfalls endet die Schutzfrist mit Ablauf von 50 Jahren seit der Herstellung des Lichtbilds.

Die Frist berechnet sich wie folgt: Die Frist beginnt nach § 72 Abs. 3 S. 2 i.V.m. 126
§ 69 UrhG mit dem auf das fristauslösende Ereignis folgenden 1. Januar zu laufen und beträgt 50 Jahre. Bei unveröffentlichten Fotografien, z.B. aus Nachlässen, kommt es auf das Herstellungsdatum des Lichtbilds an. Wenn ein Veröffentlichungsdatum bekannt ist und dieses vor Ablauf von 50 Jahren nach der Herstellung liegt, so ist dieses für den Fristbeginn maßgeblich.

Rechenbeispiel: Eine Fotografie wird 1978 hergestellt und 1982 veröffentlicht. Fristbeginn ist der 1.1.1983, Fristende der 31.12.2032.

Rechenbeispiel: Eine Fotografie wird 1978 hergestellt und erst 2010 veröffentlicht. Fristbeginn ist der 1.1.2011, Fristende der 31.12.2060.

Praxistipp:
Ist das Herstellungsdatum bekannt, liegt dieses annähernd 50 Jahre zurück und hat eine Veröffentlichung bislang nicht stattgefunden, so kann es ratsam sein, den Fristablauf der 50 Jahre abzuwarten, um nicht durch Veröffentlichung einen erneuten Fristablauf in Gang zu setzen.

bb) "Altfälle"

127 In einigen Fällen kommt es bei Lichtbildern für die Schutzfristberechnung auch jetzt noch auf die frühere Rechtslage an.

128 Die Schutzfristen wurden im Laufe der letzten Jahrzehnte vom Gesetzgeber mehrfach verlängert:

(1) Ab 1876 wurden Fotografien erstmals überhaupt geschützt: Es galt eine **5-jährige Schutzfrist** gerechnet ab Ablauf des Kalenderjahres, in welchem das Lichtbild erschienen ist; war das Lichtbild noch nicht erschienen, so wurde die 5-jährige Frist von dem Ablauf des Kalenderjahres gerechnet, in welchem das Negativ der Aufnahme entstanden ist[38]

(2) Ab 1907 galt grundsätzlich eine **10-jährige Schutzfrist** ab Erscheinen; war das Lichtbild noch nicht erschienen, so endete der Schutz mit dem Ablauf von 10 Jahren nach dem Tode des Lichtbildners[39]

(3) Ab 1940 wurde die Schutzfrist auf **25 Jahre** ab Erscheinen erhöht. War das Lichtbild bis zum Tod der Urheber nicht erschienen, so endete der Schutz mit dem Ablauf von 25 Jahren **seit dem Tode des Lichtbildners.**[40]

(4) Im Jahr 1966 wurde die heute noch gültige Unterscheidung zwischen Lichtbildern und Lichtbildwerken eingeführt. Beide Rechte erhielten einen identischen Schutz: Sie erloschen **25 Jahre** nach der Veröffentlichung bzw. bei Nichtveröffentlichung nach der Herstellung der Fotografie. Mangels anderweitiger Übergangsvorschriften war problematisch, dass sich die bereits nach alter Rechtslage laufenden Schutzfristen für zu Lebzeiten des Fotografen unveröffentlichte Lichtbilder und Lichtbildwerke mit Einführung des § 68 a.F. UrhG verkürzten, *da danach die Frist nun mit Ablauf des Herstellungsjahres* (und nicht wie nach alter Rechtslage mit Ablauf des Todesjahres des Urhebers) *zu laufen begann*. Um diese vom BVerfG als verfassungswidrig festgestellte Verkürzung zu mildern, wurde der § 135 a UrhG eingeführt, der rückwirkend den Fristbeginn für die betroffnen Bilder auf den Zeitpunkt des Inkrafttretens des UrhG am 1.1.1966 festlegte.

(5) Ab 1985 wurde Urhebern von Lichtbildwerken eine Schutzdauer bis **70 Jahre nach dem Tod** zugebilligt. Diese Schutzfristverlängerung galt jedoch nicht für Lichtbildwerke, deren Schutzfrist am 1.7.1985 abgelaufen war, also für solche, die vor

38 § 6 Gesetz betr. den Urheberrechtsschutz an Werken der Photographie vom 10.1.1876.

39 § 26 KUG – Fassung von 1907.

40 § 26 KUG in der Fassung durch das Gesetz zur Verlängerung der Schutzfristen für das Urheberrecht an Lichtbildern vom 12.5.1940.

dem 1.1.1960 erschienen waren. Unter den Lichtbildern wurde noch einmal zwischen Lichtbildern, die als Dokumente der Zeitgeschichte galten und sonstigen Lichtbildern unterschieden. Dokumente der Zeitgeschichte erhielten einen 50-jährigen Schutz ab Erscheinen bzw. bei Nichterscheinen ab Erstellung, alle anderen Lichtbilder einen 25-jährige Schutz.

(6) In der **DDR** wurde das Gesetz über Urheberrechte vom 13.9.1965 erlassen, das für Werke der Fotografie gemäß § 33 Abs. 1 URG DDR einen Schutz von 50 Jahren nach dem Tod des Fotografen bei Werken bzw. von 10 Jahren nach Erscheinen für einfache Fotografien vorsah.

Fazit:
Da für die Berechnung der Schutzdauer mehrere Zeitpunkte maßgeblich sein können, nämlich der Herstellungszeitpunkt, das Erscheinungsjahr und der Tod des Urhebers, und da bei mehreren Schutzfristverlängerungen auch deren Überleitungsvorschriften zu beachten sind (§§ 135 a, 137 a UrhG), muss die Schutzdauer grundsätzlich in jedem Einzelfall berechnet werden.[41]
Daher ist es sinnvoll, diese Daten bei allen Lichtbildwerken – soweit möglich – zu dokumentieren.

In der Praxis ergeben sich daraus folgende Fallgruppen: 129
Da grundsätzlich die jeweils neuere Regelung nur dann Anwendung finden kann, wenn das jeweilige Lichtbild zum Zeitpunkt des Inkrafttretens noch geschützt ist und weil in den Übergangsvorschriften teilweise auf die alten Schutzfristen Bezug genommen wird, haben diese in manchen Fällen immer noch Einfluss auf die Berechnung.

- Für Lichtbilder, die vor dem 1.1.1940 erschienen sind und Lichtbilder, deren Fotograf vor dem 1.1.1940 verstorben ist, gilt ausschließlich das KUG von 1907 bzw. 1940. Nach diesem wurde ein Werk gemeinfrei, wenn seit dem Erscheinen des Werks 10 bzw. 25 Jahre vergangen waren. War das Bild zu Lebzeiten nicht erschienen, endete der Schutz 25 Jahre nach dem Tod des Urhebers. Hieraus ergibt sich, dass diese Bilder schon vor Inkrafttreten des UrhG am 1.1.1966 gemeinfrei waren und das UrhG folglich keine Anwendung findet.
- Abweichend von der heute gültigen Regelung ist grundsätzlich auch die Schutzfrist von dokumentarischen Fotografien abgelaufen, die vor dem 1.1.1960 erschienen sind. Dieses Stichdatum ergibt sich aus § 26 KUG 1907/1940. Damals betrug die Schutzfrist 25 Jahre ab Erscheinen und endete mithin spätestens am 31.12.1984. Folglich wurde die Schutzfristverlängerung über § 135 a UrhG am 1.7.1985 nicht erreicht.[42]
- Gleiches gilt für Lichtbilder, die nicht Dokumente der Zeitgeschichte sind, die vor dem 1.1.1960 erschienen sind. Auch für diese gilt, dass sie 1985 nicht mehr in den Genuss der Schutzfristverlängerung kommen konnten. Ob ein Lichtbild als "Dokument der Zeitgeschichte" zu qualifizieren ist, ist im Einzelfall zu überprüfen. Ein Lichtbild qualifiziert sich als Dokument der Zeitgeschichte, wenn es nicht nur Per-

41 Siehe zur Berechnung im Einzelfall: OLG Hamburg ZUM-RD 1999, 73 – Wagner-Fotografien.
42 Schricker-*Vogel*, § 72 Rn. 39.

sonen zeigt, die Personen der Zeitgeschichte sind, sondern auch selbst eine bestimmte, bekannt gewordene Pose oder eine bestimmte historisch bedeutsame Situation wiedergibt. Der Charakter eines Lichtbildes als Dokument der Zeitgeschichte kann sich auch erst im Laufe der Zeit ergeben, wenn die fotografierte Situation historisch, kulturell oder aus anderen Gründen bedeutsam ist.

- Bei Lichtbildern, die bis zum Tod des Fotografen niemals erschienen sind, galt bis zum 31.12.1965, dass diese bis 25 Jahre nach dem Tod des Fotografen geschützt sind. Bei diesen nicht erschienenen Fotos konnte es durch die 1966 im Urheberrechtsgesetz eingeführte Neuregelung, die im Falle des Nichterscheinens nicht mehr beim Tod des Fotografen, sondern beim zeitlich früher liegenden Herstellungsdatum ansetzt, im Einzelfall (abhängig vom Herstellungsdatum und vom Todesdatum des Fotografen) durch die Anwendung der neuen Regelung zu Schutzfristenverkürzungen kommen. Um dies zu verhindern läuft in diesen Fällen nach einer im Urheberrechtsgesetz vorgesehenen Übergangsregelung die Schutzfrist ausnahmsweise vom 1.1.1966 an, so dass diese erst *mit Ablauf des Jahres 2016 ausläuft*. Ob im Einzelfall eine solche Schutzfristenverkürzung stattgefunden und somit ein Laufen der Schutzfrist vom 1.1.1966 an in Gang gesetzt wurde, lässt sich nur für jeden Einzelfall in Ansehung des Herstellungsdatums und des Todesdatums des Fotografen bestimmen. Voraussetzung ist allerdings, dass das Lichtbild niemals erschienen ist.

cc) Beweislast über den Beginn der gesetzlichen Schutzfrist (Erscheinen/Herstellung)

130 Im Streit über den Beginn der gesetzlichen Schutzfrist trägt die Beweislast dafür, dass die Schutzfrist abgelaufen ist, derjenige, der sich auf das Erlöschen des Lichtbildschutzes durch Ablauf der gesetzlichen Schutzfrist beruft.[43] Gem. §§ 72 Abs. 3 S. 2, 69 UrhG beginnt die Frist mit dem Ablauf des Kalenderjahres, in welches das Ereignis des Erscheinens, der öffentlichen Wiedergabe oder der Herstellung fällt.[44]

c) Sonderproblem: Wiederaufleben des Schutzes bei gemeinfreien Fotografien

131 Selbst wenn man nach deutschem Recht zu dem Ergebnis kommt, dass die Schutzfrist an einem Bestand erloschen ist, so kann sich in Einzelfällen aus der im Rahmen der Umsetzung der sogenannten EU-Schutzdauerrichtlinie[45] im Jahr 1996 eingeführten "Übergangsregelung" des § 137 f Abs. 2 UrhG ergeben, dass ausnahmsweise bereits erloschene Schutzfristen wieder aufleben.

43 Wandtke/Bullinger-*Thum*, § 72 Rn. 37.
44 Wandtke/Bullinger-*Thum*, § 72 Rn. 37.
45 Richtlinie 93/98/EWG des Rates vom 29. Oktober 1993 zur Harmonisierung der Schutzdauer des Urheberrechts und bestimmter verwandter Schutzrechte.

Das in der Rechtsliteratur vielfach diskutierte Wiederaufleben von Schutzrechten soll hier aufgrund der geringen praktischen Bedeutung jedoch nur angerissen werden. 132

Das in § 137 f Abs. 2 Satz 1 angeordnete Wiederaufleben von Urheberrechten kommt in Deutschland selten vor. Da das deutsche Urheberrechtsgesetz für die meisten Werkarten (so auch für Lichtbilder) auch schon vor der EU-weiten Harmonisierung der Schutzdauer 70 Jahre post mortem auctoris vorsah, findet ein Wiederaufleben des Schutzes vor allem in anderen Mitgliedstaaten statt, deren urheberrechtliche Schutzdauer bis zum 1.7.1995 kürzer war. Die Rechtsnachfolger deutscher Urheber können dadurch im Ausland vermehrt Rechte geltend machen. Lediglich für bestimmte Lichtbildwerke kann § 137 f Abs. 2 Satz 1 auch im Sinne eines "Wiederauflebens" relevant werden. Bis 1985 waren Lichtbildwerke lediglich 25 Jahre ab ihrem Erscheinen geschützt. Zwar wurde 1985 die Schutzfrist auf das allgemeine Niveau angehoben, doch dies galt nicht für bereits gemeinfreie Lichtbildwerke, also solche, die vor 1960 erschienen waren. Da diese aber in anderen EU-Staaten (z.B. Spanien, Frankreich, Niederlande) aufgrund der dort geltenden längeren Schutzfristen von 50 oder sogar 80 Jahren bei Inkrafttreten der neuen Regelung noch geschützt waren, lebt in Deutschland der Schutz wieder auf.[46] Daher ist, wie oben bereits ausgeführt, bei Lichtbildwerken ganz grundsätzlich davon auszugehen, dass deren Schutz bis 70 Jahre nach dem Tod des Autors andauert. Für den Schutz einfacher Lichtbilder gilt die Regelung, die das Wiederaufleben von Schutzfristen anordnet (§ 137 f Abs. 2 UrhG) ausdrücklich nicht und ist nach herrschender Ansicht ausdrücklich auch nicht entsprechend anwendbar.[47] 133

2. *Schutzfristen bei Filmmaterial*

Auch Filme können nach Ablauf der jeweils geltenden Schutzdauer von jedermann frei genutzt werden, d.h. sie sind "gemeinfrei". 134

a) Schutzfristen bei Laufbildern

Für die Schutzfrist bei Laufbildern ist in erster Linie die Schutzfrist des Rechts des Filmherstellers maßgeblich (dazu unter Ziffer 2 a aa). Jedoch sind bei Laufbildern, sofern sie auf urheberrechtlich geschützte Elemente wie z.B. Musik zurückgreift auch – unter Umständen zeitlich über das Filmherstellerrecht hinausgehende – Rechte der Urheber jener vorbestehender Werke zu beachten (dazu unter Ziffer 2 a bb). Schließlich sind gegebenenfalls zeitlich über das Filmherstellerrecht hinausreichende Persönlichkeitsrechte von abgebildeten Personen zu beachten (dazu unter Ziffer 2 a cc). 135

46 Wandtke/Bullinger-*Braun/Jani*, § 137 f Rn. 6; Schulze/Bettinger GRUR 2000, 12, 13; OLG Hamburg ZUM-RD 2004, 303, 305.

47 Wandtke/Bullinger-*Braun/Jani*, § 137 f Rn. 9.

aa) Recht des Filmherstellers

136 Nach § 94 Abs. 3 UrhG a.F. betrug die Dauer des Schutzrechts des Filmherstellers bis zum 30.6.1995 nur **25 Jahre** seit dem Erscheinen des Filmträgers. § 137 f Abs. 1 S. 2 UrhG ordnet die Geltung der neuen Schutzdauer für zu diesem Zeitpunkt noch nicht erloschene Schutzrechte an.

137 Seit dem 1.7.1995 gilt die Regelung des § 94 Abs. 3 UrhG n.F. Danach erlöschen die Leistungsschutzrechte des Filmherstellers **50 Jahre** nach dem Erscheinen des Films oder 50 Jahre nach der ersten erlaubten öffentlichen Wiedergabe, sofern diese früher erfolgt. Ist der Film innerhalb 50 Jahren ab Herstellung nicht erschienen oder erlaubterweise öffentlich wiedergegeben worden, erlischt das Recht des Filmherstellers 50 Jahre nach Herstellung des Films. Die höchste Schutzfrist beträgt damit 100 Jahre, wenn der Film kurz vor Ablauf von 50 Jahren nach Herstellung entweder erscheint oder öffentlich wiedergegeben wird.

138 Nach § 137 f Abs. 2 UrhG gilt die 50-jährige Schutzfrist auch für Filme, deren Schutz am 1.7.1995 nach deutschem Recht bereits erloschen war, nach dem Recht eines anderen Mitgliedstaates der EU oder des EWR jedoch zum Zeitpunkt des Inkrafttreten des neuen Gesetzes (mithin am 1.7.1995) aber noch bestand. Der Schutz besteht jedoch grundsätzlich nicht für Filme, die vor dem 1.1.1966, als der Schutz des Filmherstellers erstmals eingeführt wurde, erschienen sind.[48]

139 Die Schutzdauer beginnt gemäß § 69 UrhG jeweils mit Ablauf des Kalenderjahres, in dem das für den Beginn der Frist maßgebende Ereignis (also das Erscheinen bzw. die öffentliche Wiedergabe) eingetreten ist.

Rechenbeispiel: Ein Film, der dem Laufbildschutz unterliegt, wird im Jahr 1980 hergestellt und erscheint erstmals 1981. Die Schutzfrist beginnt am 1.1.1982 zu laufen.

Fazit:

- *Bei Filmen, die vor dem 1.1.1966 entstanden sind, ist das Recht des Filmherstellers bereist erloschen.*
- *Bei Filmen, die nach dem 1.1.1966 entstanden und vor dem 31.12.1969 erschienen sind, ist das Recht des Filmherstellers nach deutschem Recht erloschen. Nur sofern, am 1.7.1995 noch Schutz nach dem Recht eines anderen EU- oder EWR-Mitgliedstaates bestand, gilt die 50-jährige Schutzfrist-*
- *Für alle Filme, die nach dem 31.12.1969 erschienen sind, gilt die Schutzfrist von 50 Jahren nach dem Erscheinen des Films oder 50 Jahren nach der ersten erlaubten öffentlichen Wiedergabe.*

48 Dreier/Schulze-*Schulze*, § 94 Rn. 50.

bb) Rechte an vorbestehenden Werken

Auch wenn die Schutzfrist des Filmherstellers nach den unter Ziffer 1. genannten Kriterien abgelaufen ist, ist dennoch die längere urheberrechtliche Schutzfrist von 70 Jahren *post mortem auctoris* zu beachten, wenn das Laufbild urheberrechtlich geschützte Werke enthält, z.B. urheberrechtlich geschützte Musikwerke. Zu beachten ist insbesondere das von der GEMA verwaltete Recht der öffentlichen Wiedergabe von Bildtonträgern. 140

cc) Persönlichkeitsrechte

Das oben dargestellte Recht am eigenen Bild einer Person nach § 22 KUG gilt grundsätzlich bis 10 Jahre nach dem Tod des Abgebildeten. Wie oben dargestellt ist daher insbesondere bei Amateuraufnahmen gegebenenfalls die nachträgliche Rechteklärung notwendig (siehe oben Ziffer 2 b cc). Nach dem Tode des Abgebildeten bedarf es bis zum Ablauf von 10 Jahren der Einwilligung der Angehörigen des Abgebildeten. Angehörige im Sinne dieses Gesetzes sind der überlebende Ehegatte oder Lebenspartner und die Kinder des Abgebildeten und, wenn weder ein Ehegatte oder Lebenspartner noch Kinder vorhanden sind, die Eltern des Abgebildeten. 141

Darüber hinaus besteht im Bildnisbereich unter dem Gesichtspunkt der Menschenwürde auch postmortal ein allgemeiner Achtungsanspruch, der gegen schwerwiegende Herabsetzungen und Entstellungen des Lebensbildes des Verstorbenen schützt.[49] Dieser kann im Einzelfall sogar über die 10-Jahres-Frist des Bildnisschutzes hinausgehen. 142

b) Schutzfrist bei Filmwerken

Sofern es sich bei dem Film um ein Filmwerk i.S.d. § 2 Abs. 1 Nr. 6 UrhG handelt, beträgt die Schutzfrist gemäß §§ 64, 65 Abs. 2 UrhG 70 Jahre nach dem Tod des Längstlebenden der nachfolgenden Personen: Hauptregisseur, Drehbuchautor, Urheber der Dialoge und Komponist der Filmmusik. 143

Diese Regelung, die den Kreis der maßgeblichen Personen beschränkt, gilt erst seit dem 1.7.2005. Nach der Übergangsregel des § 137 f UrhG gilt jedoch, dass in den Fällen, in denen durch die aktuelle Rechtslage die Schutzdauer faktisch verkürzt wird, die alte Rechtslage fortbesteht. Ein solcher Fall ist denkbar, wenn bei einem Film noch weitere Miturheber über die in § 65 Abs. 2 UrhG genannten Personen hinaus einen schöpferischen Beitrag zu dem Film geleistet haben. Wegen der geringen Relevanz dieser Fälle soll hier auf die vorherige Rechtslage nicht eingegangen werden. 144

49 Wenzel-*Burkhardt*, Kapitel 5 Rn. 114.

Teil 3: Nutzung von Beständen

145 Die Nutzung von urheberrechtlich oder leistungsschutzrechtlich geschützten Beständen durch ein Museum ist grundsätzlich nur mit Zustimmung der Rechteinhaber zulässig.

146 Jede Art der **Vervielfältigung** (durch Kopieren oder andere Herstellungsverfahren) von Fotografien oder Filmmaterial ist grundsätzlich urheberrechtlich relevant (§ 16 UrhG). Auch die Digitalisierung **durch Scannen und Abfotografieren** stellt eine urheberrechtlich relevante Vervielfältigung dar.[50] Schon das Scannen als bloße Vorstufe der weiteren Verwertung stellt eine urheberrechtsrelevante Vervielfältigung dar und ist bei noch urheberrechtlich oder leistungsschutzrechtlich geschützten Beständen grundsätzlich nur mit Zustimmung des Urhebers erlaubt. Auch das **Ausdrucken von Fotos** in Dateiform stellt eine Vervielfältigung i.S.d. § 16 UrhG dar. Die **Einspeisung** urheberrechtlich geschützten Materials **in Datenbanken** stellt eine (weitere) Vervielfältigung dar. Dabei kommt es nicht darauf an, wo diese gespeichert werden. Auch beim Verschicken von Dateien (z.B. jpeg, pdf) per E-Mail werden Vervielfältigungshandlungen vorgenommen.[51] Beim **Versenden einer Datei als E-Mail** finden Vervielfältigungen in mehrfacher Hinsicht statt: Der versandte Datensatz wird zunächst auf dem Server des Webdienstes gespeichert und dann mit Abruf durch den Empfänger auf der Festplatte von dessen Computer gespeichert. Auch die nach der E-Mail-Übertragung hergestellten Vervielfältigungsstücke (Ausdrucke, überspielte Datenträger etc.) unterfallen als fixierte Werkexemplare dem Vervielfältigungs- und Verbreitungsrecht.

147 Das **Verbreiten von Kopien in körperlicher Form** z.B. im Museumsshop (z.B. der Verkauf von Abzügen oder von Datenträgern) oder das Verschicken von Reproduktionen stellt eine körperliche Verbreitung des Werks i.S.d. § 15 Abs. 1 Nr. 2 i.V.m. § 17 UrhG dar.

148 Das **Online-Stellen** von einzelnen Werken oder ganzen Datenbanken unterfällt dem Recht der öffentlichen Zugänglichmachung, § 19 a UrhG. Hinzu kommt, dass wer Dateien aus dem Internet auf Festplatte, Diskette oder ein anderes Speichermedium herunterlädt, wiederum eine Vervielfältigung dieser Datei vornimmt. Auch der Einsatz von **Thumbnails im Internet** berührt das Recht der öffentlichen Zugänglichmachung.[52] Unter Thumbnails (englisch: Daumennagel) sind Verkleinerungen von Bildern zu verstehen. Solche Thumbnails werden vor allem bei der Suche zur Vorschau von Bildmaterial eingesetzt. Nach der Rechtsprechung muss davon ausgegangen werden, dass grundsätzlich jede Zugänglichmachung eines urheber- oder leistungsschutz-

50 Wandtke/Bullinger-*Heerma*, § 16 Rn. 13.
51 Wandtke/Bullinger-*Heerma*, § 16 Rn. 15.
52 BGH, Urteil v. 29.4.2010, Az. IZR 69/08 – Vorschaubilder.

rechtlich geschützten Werks, auch wenn diese stark verkleinert erfolgt, eine urheberrechtlich relevante Nutzung i.S.d. § 19 a UrhG darstellt und damit grundsätzlich nicht ohne Einwilligung des Urhebers möglich ist.[53]

Nur in einigen Ausnahmefällen kann die Verwertung eines urheberrechtlich ge- 149
schützten Werks auch ohne Zustimmung des Urhebers zulässig sein. Durch die sogenannten Schranken des Urheberrechts werden die Verbotsrechte des Urhebers eingegrenzt und eine zustimmungsfreie Nutzung ermöglicht.

Nachfolgend werden die urheberrechtliche Relevanz bestimmter Nutzungen von 150
Archivmaterial sowie, gegebenenfalls die für diese Nutzungen einschlägigen Schranken dargestellt.

I. Nutzungen im Museum und Schranken

1. Ausstellen

Gemäß § 18 UrhG bzw. § 44 Abs. 2 UrhG ist bei Werken der bildenden Künste oder 151
Lichtbildwerken der Eigentümer eines Originals berechtigt, das Werk erstmals öffentlich auszustellen, es sei denn, dass der Urheber dies bei der Veräußerung des Originals ausdrücklich ausgeschlossen hat. Danach kann das Museum grundsätzlich jedes erworbene Original-Bestandsstück nach Belieben ausstellen.

Für die Frage, ob das Museum ein noch unveröffentlichtes Werk ausstellen darf 152
(was bei Fotobeständen aus dem Archiv häufig der Fall sein dürfte), kommt es also auf die Frage an, ob es sich um ein Original i.S.d. UrhG handelt.[54] Stets Originale sind Unikate. Der urheberrechtliche Originalbegriff ist jedoch nicht auf Unikate beschränkt. Er umfasst entsprechend der Verkehrsauffassung Auflagen, bei denen der Urheber die Urform geschaffen hat und hiervon später Vervielfältigungen (z.B. Druckgrafiken, Abgüsse) erstellt wurden. Hierbei schadet es nicht, wenn er sich bei diesem Arbeitsschritt Helfern bedient, solange diese nach seinem Willen handeln. Auch bei künstlerischer Fotografie ist bei der Beurteilung der Originaleigenschaft darauf abzustellen, ob die Abzüge vom Positiv oder vom Negativ auf Weisung des Künstlers hergestellt wurden und er sich autorisiert hat.[55] Damit sind in der Fotografie nicht nur die von dem Urheber selbst hergestellten Handabzüge Originale. Die von ihm gebilligten Laborabzüge stellen ebenfalls Werkoriginale dar.[56] Sicherlich erfasst sind mithin signierte oder gestempelte Abzüge; sicherlich nicht erfasst sind hingegen abfotografierte Fotos (Fotos vom Foto).

Nicht anwendbar ist § 44 Abs. 2 UrhG auf **Vervielfältigungsstücke** unveröffent- 153
lichter Werke. Grund hierfür ist, dass der Urheber entscheiden können muss, ob und

53 Siehe zur grundsätzlichen Zulässigkeit der Google-Bildersuche jedoch BGH, Urteil v. 29.4.2010, I ZR 69/08 – Vorschaubilder.

54 Ausführlich zum Originalbegriff: Bullinger, KUR 2006,106.

55 Wandtke/Bullinger-*Bullinger*, § 26 Rn. 7.

56 Hamann UFITA 90, 1981, S. 45, 47; Wandtke/Bullinger-*Bullinger*, § 26 Rn. 7.

in welcher Form sein Werk erstmals der Öffentlichkeit zugänglich gemacht wird.[57] Vervielfältigungen unveröffentlichter Werke dürfen folglich nicht ausgestellt werden.

154 An Originalen oder Vervielfältigungsstücken bereits veröffentlichter Werke hat der Urheber kein Ausstellungsrecht mehr (das Ausstellungsrecht ist ein sogenanntes "Einmalrecht"),[58] so dass deren Ausstellung ohne Einverständnis des Urhebers stets möglich ist.

Fazit:

Das bloße Ausstellen von Fotografien ist dem Eigentümer der Fotografie erlaubt, sofern man

- *die Fotografie als "Werkoriginal" bezeichnen möchte oder*
- *es sich um ein Vervielfältigungsstück eines bereits veröffentlichten Werks handelt.*

2. Vorführung von Filmen im Museum

a) Urheberrechtliche Relevanz

155 Eine dem § 44 Abs. 2 UrhG entsprechende Vorschrift zu Gunsten des Eigentümers von Filmmaterial kennt das Urheberrechtsgesetz nicht.

156 Die öffentliche Vorführung der Filmmaterialien, z.B. in Ausstellungen, stellt daher stets eine urheberrechtlich relevante Vorführung i.S.d. § 19 Abs. 4 UrhG dar. Unter Vorführung ist jede unkörperliche Wiedergabe des Werks zu verstehen, durch die das Werk mittels technischer Einrichtungen öffentlich wahrnehmbar gemacht wird. Ein öffentliches Wahrnehmbarmachen liegt dann vor, wenn die Vorführung für eine Mehrzahl von Mitgliedern der Öffentlichkeit bestimmt ist.

157 Sofern im Rahmen der Filmvorführung auch weitere zur Herstellung des Films genutzte Werke (z.B. Filmmusik, Drehbücher etc.) wahrnehmbar gemacht werden, liegt hierin nach h.M. zusätzlich eine Wiedergabe durch Bild- und Tonträger i.S.d. § 21 UrhG.

Praxistipp:

Die GEMA kann das Recht zur öffentlichen Wiedergabe von Bildtonträgern lizenzieren, soweit die Musikrechte betroffen sind. Die GEMA erhebt hierfür eine Pauschale pro Wiedergabegerät. Durch den Erwerb dieser Lizenz werden aber etwaige Rechte am Film selbst nicht miterworben.

57 Wandtke/Bullinger-*Heerma*, § 44 Rn. 17.

58 Dreier/Schulze-*Schulze*, § 18 Rn. 9.

b) Ausnahme: Keine "öffentliche" Vorführung

Urheberrechtlich relevant ist nur die öffentliche Vorführung. Was unter **Öffentlichkeit** 158
zu verstehen ist, ist in § 15 Abs. 3 UrhG definiert. Danach ist

> *"die Wiedergabe eines Werks... öffentlich, wenn sie für eine Mehrzahl von Personen bestimmt ist, es sei denn, dass der Kreis dieser Personen abgrenzbar ist und sie durch gegenseitige Beziehungen oder durch Beziehung zum Veranstalter persönlich untereinander verbunden sind".*

Eine derartige **persönliche Verbundenheit** dürfte bei einer Vorführung eines Films 159
vor Mitarbeitern einer Abteilung des Museums (z.B. vor den Archivmitarbeitern) gegeben, mithin eine Vorführung innerhalb dieses Kreises zulässig sein. Ob eine derartige persönliche Beziehung bei einer Vorführung vor allen Mitarbeitern des Museums noch gegeben ist, kommt auf den Einzelfall, z.B. die Anzahl der Mitarbeiter und die Organisationsstruktur im Museum an.

Die Vorführung von Filmmaterial vor externen Dritten, also z.B. den Besuchern 160
einer Ausstellung, ist hingegen stets öffentlich. Hierbei gilt, dass die Öffentlichkeit nicht davon abhängt, dass mehrere Adressate gleichzeitig erreicht werden müssen.[59] Sieht sich z.B. im Museum nur ein einzelner Besucher den vom Museum abgespielten Film an, liegt trotzdem eine öffentliche Vorführung vor, weil auch andere Besucher den Film ansehen könnten und die Vorführung grundsätzlich für eine Mehrzahl von Besuchern, also für die Öffentlichkeit bestimmt ist. Aber auch, wenn nur ein Einzelner jeweils zur selben Zeit die Möglichkeit hat, den Film anzusehen (z.B. weil ein Guckkasten verwendet wird), liegt eine öffentliche Vorführung vor. Seit der Urheberrechtsreform ist klargestellt, dass der Begriff der Öffentlichkeit keine gleichzeitige Wahrnehmung eines Werks durch mehrere Personen voraussetzt. Auch die **sukzessive Wahrnehmung** durch verschiedene Personen ist erfasst. Es genügt also, dass nacheinander verschiedene Mitglieder der Öffentlichkeit den Film ansehen können. Voraussetzung für die Annahme einer öffentlichen Vorführung ist jedoch, dass der Empfängerkreis, dem das Werk wahrnehmbar gemacht wird, an einem Ort versammelt ist; eine Zusammenrechnung mehrerer einzelner Empfänger oder Empfängergruppen – wie etwa die Gäste in den Zimmern beim sogenannten Hotelvideo – würde den Begriff der sukzessiven Öffentlichkeit überdehnen.[60]

Wenn ein Film im Museum vorgeführt wird, ist dieser naturgemäß für verschiedene 161
Mitglieder der Öffentlichkeit, die im Museum versammelt sind, bestimmt. Die Besucher eines öffentlich zugänglichen Museums stehen nicht miteinander in einer persönlichen Beziehung. Mithin ist eine Filmvorführung im Museum öffentlich.

Fazit:

- *Ein Vorführen des Filmmaterials in Ausstellungen ist urheberrechtlich relevant und daher nicht ohne die Zustimmung des Rechteinhabers möglich.*

59 v. Hartlieb/Schwarz-*N. Reber*, Handbuch des Film-, Fernseh- und Videorechts, 45. Kapitel, Rn. 2.
60 Dreier/Schulze-*Dreier*, § 19 Rn. 18.

- *Möglich ist es hingegen, dass das Museum für einzelne Gruppen von Mitarbeitern, die in ständigem Kontakt miteinander stehen, individuelle Vorführungen organisiert.*

3. Vervielfältigungen/Digitalisierung von Beständen für das eigene Archiv

a) Urheberrechtliche Relevanz

162 **Jedes Kopieren** von urheberrechtlich geschützten Beständen, z.B. die Erstellung einer Kopie von einem Film, aber auch das Abfotografieren von Kunstwerken und das Speichern der entsprechenden Dateien, greift in das ausschließliche Vervielfältigungsrecht des Urhebers gemäß § 16 UrhG ein. Jede Digitalisierung stellt eine urheberrechtlich relevante Vervielfältigung dar. Schon das Scannen als bloße Vorstufe der weiteren Verwertung stellt eine urheberrechtsrelevante Vervielfältigung dar und ist bei noch urheberrechtlich oder leistungsschutzrechtlich geschützten Beständen grundsätzlich nur mit Zustimmung des Urhebers erlaubt.

b) Ausnahme: Archivschranke

163 Ohne Einwilligung der Rechteinhaber ist das Kopieren/Digitalisieren für das eigene Archiv des Museums zulässig, soweit dies von der sog. "Archivschranke" des § 53 Abs. 2 S. 1 Nr. 2 UrhG gedeckt ist. Diese ist relevant für die Digitalisierung der Werke sowie für deren Nutzung durch Mitarbeiter des Archivs. Nach dieser Vorschrift ist es – bei Filmen wie bei Fotografien oder anderen Werken – zulässig, zur Aufnahme in ein eigenes Archiv einzelne Vervielfältigungsstücke eines Werks herzustellen oder herstellen zu lassen, wenn und soweit die Vervielfältigung zu diesem Zweck geboten ist und als Vorlage für die Vervielfältigung ein eigenes Werkstück benutzt wird und wenn das Archiv im öffentlichen Interesse tätig ist und keinen unmittelbar oder mittelbar wirtschaftlichen oder Erwerbszweck verfolgt. § 53 Abs. 2 S. 1 Nr. 2 UrhG i.V.m. § 53 Abs. 2 S. 2 UrhG erlaubt also unter bestimmten Voraussetzungen das Erstellen von Kopien von Werken für das eigene Archiv – auch in digitaler Form. Voraussetzungen sind:

aa) Eigenes Archiv

164 Privilegiert ist nur die Aufnahme in ein eigenes Archiv. Dies ist nur ein **persönliches oder betriebsinternes Archiv**. Kein eigenes Archiv ist ein Archiv, das der Benutzung durch außenstehende Dritte offen steht. Die Rechtsprechung hält es für unzulässig, wenn ein betriebsinternes Archiv Außenstehenden Vervielfältigungsstücke zugänglich

macht.[61] Zulässig dürfte es hingegen sein, wenn ein Archiv gelegentlich für Wissenschaftler zugänglich ist, ohne diesen weitere (Recherche-)Dienste anzubieten.[62] Der interne Gebrauch ist jedenfalls überschritten, wenn die archivierten Vervielfältigungsstücke ganz grundsätzlich auch zur Verwendung durch außenstehende Dritte bestimmt sind.

Davon zu unterscheiden ist die Frage, ob eine für das eigene Archiv zulässig erstellte 165
Kopie auch den Nutzern des Museums in der Bibliothek vor Ort gezeigt oder an Dritte (z.B. an Verlage) herausgegeben werden darf. Da die Archivschranke explizit nur die Erstellung einer Kopie zur Aufnahme in ein **eigenes Archiv** privilegiert, ist grundsätzlich davon auszugehen, dass jede Nutzung durch externe Besucher unzulässig ist. Sofern das Museum nicht über die Vervielfältigungsrechte verfügt und sich somit auf die Archivschranke stützen muss, sollten die für das Archiv erstellten Kopien daher nicht den Nutzern der Bibliothek zur Verfügung gestellt werden oder in Ausstellungen gezeigt werden. Dies ergibt sich schon aus § 53 Abs. 6 UrhG, wonach jede öffentliche Wiedergabe der Vervielfältigungsstücke verboten ist. Dies gilt auch für den Fall, dass das Museum Kopien aus dem Archiv an Dritte weitergibt. Ein solches Verhalten ist nicht von der Archivschranke gedeckt. Es besteht daher nur die Möglichkeit, dass das Museum in diesen Fällen das Original nach außen gibt und die Kopie durch den Nutzer selbst anfertigen lässt – selbstverständlich mit dem Hinweis, dass das Museum nicht über Rechte verfügt und unter Vereinbarung einer Haftungsfreistellung für etwaige Rechtsverletzungen. Als Fazit bleibt festzuhalten, dass das Kopieren/Digitalisieren der Filmbestände des Museums nur dann zulässig ist, wenn das Archiv internen Zwecken dient.

bb) Archivzweck

Der Archivzweck muss die Vervielfältigung des Bestands gebieten. Dies ist der Fall, 166
wenn die Archivierung ausschließlich der **Bestandssicherung** und der **betriebsinternen Nutzung** dient.[63] Weitergehende Nutzungen der für die Archivierung angefertigten Vervielfältigungsstücke sind nicht zulässig.

cc) Kein Erwerbszweck

Schließlich ist zu berücksichtigen, dass gem. § 53 Abs. 2 S. 2 UrhG digitale Verviel- 167
fältigungen und Nutzungen nur dann rechtmäßig sind, wenn das Archiv im öffentlichen Interesse tätig ist und keinen unmittelbaren oder mittelbaren Erwerbszweck verfolgt.[64]

61 BGH GRUR 1997, 459, 461 – CB Infobank.
62 Fromm/Nordemann-*Nordemann*, § 53 Rn. 21.
63 Schricker-*Loewenheim*, § 53 Rn. 24.
64 Wandtke/Bullinger-*Lüft*, § 53 Rn. 28.

Fazit:

- *Die digitale Vervielfältigung des Materials für die interne Nutzung durch eigene Mitarbeiter des Museums ist zulässig, sofern:*
  - *es sich um das eigene Archiv des Museums handelt,*
  - *die Digitalisierung zum Zwecke der Bestandssicherung erfolgt*
  - *und das Archiv keinen Erwerbszweck verfolgt.*
- *Sind diese Voraussetzungen erfüllt, kann das Museum die Digitalisierung für das Archiv auch durch Dritte anfertigen lassen.*

4. Vervielfältigungen für private und wissenschaftliche Nutzer des Archivs durch das Museum oder externe Dienstleiter

a) Vervielfältigungen zum privaten Gebrauch (§ 53 Abs. 1 UrhG)

168 § 53 Abs. 1 UrhG erlaubt einzelne Vervielfältigungen eines Werks durch eine natürliche Person zum privaten Gebrauch auf beliebigen Trägern, sofern diese Person dabei weder unmittelbar noch mittelbar Erwerbszwecke verfolgt. Diese Vervielfältigung kann auch durch Dritte (also das Museum oder einen externen Dienstleister) vorgenommen werden, sofern dies unentgeltlich geschieht. Diese Vorschrift ist insbesondere relevant, wenn ein Nutzer das Museum mit einer Vervielfältigung zu rein privaten Zwecken beauftragt.

169 Folgende Voraussetzungen müssen vorliegen:

aa) Privater Gebrauch

170 Nur natürliche Personen können privaten Gebrauch vornehmen. Privater Gebrauch ist der Gebrauch zur Befriedigung rein persönlicher Bedürfnisse. Hierunter fallen Anfragen der interessierten Öffentlichkeit.

bb) Kein mittelbarer oder unmittelbarer Erwerbszweck

171 Berufliche sowie erwerbswirtschaftliche Zwecke schließen den privaten Gebrauch aus.

cc) Herstellen durch Dritte

172 Grundsätzlich kann der private Nutzer eine Kopie auch von einem Dritten erstellen lassen.

Voraussetzung für die Zulässigkeit der Herstellung der Privatkopie durch einen Dritten ist, dass sich dessen Tätigkeit auf die **technisch-maschinelle Vervielfältigung beschränkt** und er sich an die konkreten Anweisungen der begünstigten Privatperson hält. Von der Privatkopierschranke nicht mehr umfasst ist ein Recherchedienst; die Privatperson muss genau wissen, was kopiert werden soll. Daher fällt. z.B. die Bestellung von Dokumenten, die von Nutzern selbst in einem Katalog recherchiert wurden, unter die Privatkopierschranke.[65] 173

Wenn das Museum selbst Vervielfältigungsstücke herstellt, sollte es sich folglich darauf beschränken, den Nutzer die Bestände im Katalog aussuchen zu lassen. Sofern das Museum zusätzliche Recherchedienstleistungen anbietet, sollte es sich darauf beschränkten und der Nutzer muss die Vervielfältigung entweder selbst oder durch einen externen Dienstleister herstellen lassen. 174

dd) Unentgeltlichhkeit

Das Herstellenlassen von Vervielfältigungen durch einen Dritten (also das Museum oder einen externen Dienstleister) ist grundsätzlich nur unter der Voraussetzung zulässig, dass die Vervielfältigung **unentgeltlich** erfolgt. Allein bei Kopien in Papierform darf ein Entgelt verlangt werden, nicht hingegen bei der digitalen Privatkopie. Auch bei Vervielfältigungen, die nicht in Papierform erfolgen, darf das Museum sich aber die reinen Herstellungs- bzw. Materialkosten erstatten lassen, ohne dass das zu einer unzulässigen Entgeltlichkeit führt.[66] 175

b) § 53 Abs. 2 S. 1 Nr. 1 UrhG: Vervielfältigung zum eigenen wissenschaftlichen Gebrauch

Gemäß § 53 Abs. 2 S. 1 Nr. 1 UrhG ist es zulässig, einzelne Vervielfältigungsstücke eines Werks zum eigenen wissenschaftlichen Gebrauch herzustellen oder herstellen zu lassen, wenn und soweit die Vervielfältigung zu diesem Zweck **geboten** ist und sie **keinen gewerblichen Zwecken** dient. Mit der Freistellung von Vervielfältigungen zum eigenen wissenschaftlichen Gebrauch wollte der Gesetzgeber verhindern, dass Wissenschaftler und wissenschaftliche Institute vor der Herstellung von Kopien geschützter Werke jedes Mal die Erlaubnis der Urheber einholen müssen und dadurch in ihrer wissenschaftlichen Tätigkeit beeinträchtigt werden.[67] 176

Diese Vorschrift erlaubt es dem Museum, Vervielfältigungsstücke einzelner Bestandsstücke für externe, wissenschaftliche Nutzer auf Anfrage zu erstellen. Die Voraussetzungen der Wissenschaftsschranke müssen in der Person des externen Nutzers vorliegen. 177

65 BGH GRUR 1999, 707 – Katalogversanddienst.
66 Wandtke/Bullinger-*Lüft*, § 53 Rn. 20.
67 Amtl. Begr. BT-Drucks. IV/270 S. 73.

Voraussetzungen sind:

aa) Wissenschaftlicher Gebrauch

178 Der Gebrauch ist dann wissenschaftlich, wenn er im Rahmen einer wissenschaftlichen, d.h. methodischen und **auf Erkenntnisfindung ausgerichteten** Tätigkeit erfolgt. Dazu zählt das Forschen, Darstellen und Lehren. Wissenschaftlichkeit ist vor allem bei Wissenschaftlern und Forschern gegeben, aber auch dann, wenn ein Praktiker sich wissenschaftlich betätigt. Auch wenn sich z.B. Studenten oder auch Unternehmer und Freiberufler über den Stand der Wissenschaft unterrichten, ist dies von § 53 Abs. 2 Nr. 1 UrhG gedeckt.

bb) Eigener Gebrauch

179 Voraussetzung ist, dass es sich **um "eigenen" wissenschaftlichen Gebrauch** handelt. Dies ist nicht der Fall, wenn die Vervielfältigungen nicht für den Gebrauch durch den wissenschaftlichen Nutzer selbst, sondern für außenstehende Wissenschaftler oder Institute hergestellt werden oder wenn die Vervielfältigungsstücke zwar in der wissenschaftlichen Einrichtung verbleiben, dort aber durch Dritte (d.h. durch Personen, die nicht der wissenschaftlichen Institution angehören) benutzt werden. Auch die Herstellung weiterer für Dritte bestimmter Vervielfältigungsstücke ist von der Wissenschaftsschranke nicht gedeckt.[68]

cc) Gebotenheit

180 Zum wissenschaftlichen Gebrauch geboten ist eine Vervielfältigung dann, wenn die **wissenschaftliche Arbeit** des Nutzers dies **erfordert** und der **Erwerb oder die Ausleihe des Exemplars unzumutbar** erscheint.

181 Sofern es sich um Bestände handelt, die exklusiv beim Museum vorgehalten werden, kann mit Sicherheit gesagt werden, dass der käufliche Erwerb des jeweiligen Exponats für den Nutzer unmöglich ist und die Ausleihe aus konservatorischen Gründen nicht in Betracht käme. In diesem Fall ist die Kopie stets geboten, sofern der Nutzer das Exemplar zum eigenen wissenschaftlichen Gebrauch benötigt.

182 Da § 53 Abs. 2 Nr. 1 UrhG nicht auf analoge Kopien beschränkt wird, ist grundsätzlich auch die Erstellung von Dateien auf beliebigen Datenträgern von dieser Schranke umfasst.

68 Schricker-*Loewenheim*, § 53 Rn. 22.

dd) Keine gewerblichen Zwecke

Der wissenschaftliche Gebrauch darf keinem gewerblichen Zwecken dienen. Hiermit 183
soll die Auftragsforschung aus dem Anwendungsbereich der Vorschrift ausgenommen werden.

ee) Herstellenlassen durch Dritte gegen Entgelt

Der Nutzer darf die Kopie zum eigenen wissenschaftlichen Gebrauch auch durch Dritte 184
(also das Museum oder einen externen Dienstleister) herstellen lassen. Anders als bei der Privatkopie ist es bei der Vervielfältigung zum eigenen wissenschaftlichen Gebrauch aus urheberrechtlicher Sicht unerheblich, ob die Vervielfältigung entgeltlich oder unentgeltlich erfolgt.

Eine Herstellung der Vervielfältigung durch das Museum ist aber auch hier nur 185
möglich, wenn das Museum **keine zusätzlichen Recherchedienste** leistet. Hierzu verweisen wir nach oben Teil 3, I. 4 cc (Rn. 180).

Praxistipp:
In der Praxis dürfte es schwer überprüfbar sein, ob ein Nutzer sich im Rahmen der Wissenschaftsschranke oder der Privatkopie bewegt. Das Museum sollte daher in seinen Nutzungsbedingungen am Leseplatz und/oder an der Stelle, an der der Nutzer seine Bestellung aufgibt, darauf hinweisen, dass Vervielfältigungen nur zum wissenschaftlichen eigenen oder zum privaten Gebrauch erfolgen oder in Auftrag gegeben werden dürfen.

Praxistipp:
Bei Vervielfältigungen zum rein privaten Gebrauch darf lediglich eine Aufwandsentschädigung vom Nutzer verlangt werden. Nur bei der Kopie zum eigenen wissenschaftlichen Gebrauch darf die digitale Vervielfältigung entgeltlich erfolgen.

5. Vervielfältigungen durch den Nutzer (Privatkopie)

Unter den oben genannten Voraussetzungen (zum privaten oder wissenschaftlichen 186
Gebrauch) kann das Museum auch dem Nutzer erlauben, selbst Vervielfältigungen vorzunehmen.

6. (Ausschnittweise) Verwertung von Beständen durch das Museum in eigenen Publikationen oder Produktionen

Das Museum kann nicht beliebig Bestände in eigene Publikationen oder Produktionen 187
übernehmen, sofern es nicht über die entsprechenden Rechte verfügt. Ohne Zustimmung des Rechteinhabers ist allerdings die Verwertung beispielsweise von Textaus-

schnitten im Rahmen eigener Texte oder von sog. Klammerteilen im Rahmen eines anderen Films **als Zitat** zulässig.

188 Das Urheberrecht gestattet die zustimmungsfreie Nutzung fremder Werke als Zitat nach § 51 UrhG. Auch Bildzitate können, allerdings nur unter sehr engen Voraussetzungen, zulässig sein. Nachfolgend werden kurz die Voraussetzungen des Zitatrechts dargestellt:

a) Selbständiges Werk

189 Das zitierende Werk muss selbst ein Werk, also eine persönliche geistige Schöpfung i.S.d. § 2 Abs. 2 UrhG sein. Es muss selbständig bestehen und unabhängig von dem zitierten Werk eine **eigene geistige Leistung** darstellen. Beispielsweise darf der neue Text oder der neue Film nicht in erster Linie aus einer Aneinanderreihung von Ausschnitten anderer Filme bestehen, sondern muss, auch wenn die Zitate hinweggedacht würden, noch als eigenständige Schöpfung Bestand haben.

b) Zweck des Zitats

190 Wesentliche Voraussetzung für die Anwendung des § 51 UrhG ist das Vorliegen eines Zitatzwecks. Zwischen dem neuen Werk und dem zitierten Werk muss ein innerer Bezug bestehen. Das zitierte Werk muss als Beleg der eigenen Gedanken des neuen Werks dienen (sogenannte **Belegfunktion**). Ein fremdes Werk kann danach in ein neues Werk eingebettet werden, um einen Standpunkt zu stützen oder die Ausführungen des neuen Werks zu begründen, zu veranschaulichen oder besser verständlich zu machen. Das neue Werk kann sich auch kritisch mit dem zitierten Werk auseinandersetzen.

Beispiel: In einem Buch über Günter Grass können Originalpassagen aus dessen Werken abgedruckt werden, sofern sich der neuen Text inhaltlich mit diesen Passagen auseinandersetzt.

Beispiel: Eine Dokumentation, die sich mit der Entwicklung des Werbefilms befasst, könnte Ausschnitte aus einem historischen Werbefilmen zur Veranschaulichung einblenden.

191 Die Belegfunktion ist hingegen nicht erfüllt, wenn das Zitat das neue Werk ausschließlich oder überwiegend ergänzen, vervollständigen oder schmücken soll. Das Zitat darf insbesondere nicht eingeführt werden, um sich eigene Ausführungen zu sparen.

Beispiel: In einem Film werden weite Teile eines anderen Films ohne Erläuterung und ohne inhaltliche Einbindung übernommen.

Anerkannt ist hingegen, dass das Zitat auch, neben der Belegfunktion, zur Ausschmückung des zitierenden Werks z.B. als Blickfang dienen darf, sofern der zulässige Zitatzweck gegenüber dem anderen Zweck überwiegt. 192

Beispiel: Das OLG Frankfurt hat entschieden, dass ein Filmausschnitt als Aufmacher für eine Fernsehsendung verwendet werden durfte, durch den das Interesse der Zuschauer an der Sendung geweckt wurde, die sich kritisch mit diesem zitierten Filmausschnitt auseinandersetzte.[69]

c) Umfang des Zitats

Aus dieser Belegfunktion ergibt sich auch, dass die **Anzahl** und die **Länge** der Zitate 193
angemessen sein müssen. Hierbei gibt es allerdings keine starren Grenzen; die zulässige Länge des einzelnen Ausschnitts und die Anzahl der verwendeten Ausschnitte ist anhand des Einzelfalls unter Abwägung der Interessen zu bestimmen.

Im Einzelfall kann auch das **sog. Bildzitat** – also die Anführung eines ganzen Werkes der bildenden Künste, eines Lichtbildwerkes, eines Lichtbildes oder ganzer wissenschaftlicher oder technischer Darstellungen – natürlich immer im gebotenen Umfang – zulässig sein.[70] Allerdings ist Vorsicht geboten: Es ist beim Bildzitat immer ganz besonders genau zu prüfen, ob das betreffende Bild für die Ausführungen tatsächlich erforderlich ist oder ob nicht doch der Illustrationszweck im Vordergrund steht. Das gleiche gilt auch hinsichtlich der Anzahl als Ganzes abgedruckter Bilder.[71]

d) Quellenangabe

Zitate sind gemäß § 63 Abs. 1 UrhG mit einer Quellenangabe zu versehen. Unter 194
Quellenangabe ist in der Regel nicht nur die Namensnennung des Urhebers zu verstehen; vielmehr sind auch weitere **Angaben** erforderlich, **die es dem Publikum ermöglichen, das Originalwerk aufzufinden.** Bei Büchern sind dies der Titel, das Erscheinungsjahr und der Erscheinungsort, bei Ausschnitten auch die Seitenzahl. Bei Werken der Bildenden Kunst, die sich an öffentlichen Plätzen befinden genügt die Urheberbezeichnung. Bei anderen Kunstwerken das Schöpfungsjahr und der Ort, an dem das Original zu sehen ist (z.B. das Museum).[72] Beim Film gehören zu den nach § 63 UrhG erforderlichen Angaben in der Regel: der Titel des Films, der Regisseur, der Produzent und das Produktionsjahr. Bei Fotografien ist der Fotograf sowie gegebenenfalls die Bildagentur/das Bildarchiv zu nennen.[73]

69 OLG Frankfurt AfP 1989, 553, 555 – Monitor / Haarshampoo.
70 Siehe dazu OLG Hamburg GRUR 1993, 666 – Altersfoto; OLG Hamburg GRUR 1990, 36 – Foto-Entnahme; Maaßen, ZUM 2003, 830.
71 Dreier/Schulze-*Dreier*, § 51 Rn. 24.
72 Wandtke/Bullinger-*Bullinger*, § 63 Rdnr. 14.
73 Dreier/Schulze-*Dreier*, § 51 Rn. 15.

195 Bei der öffentlichen Wiedergabe eines Werks, das Zitate enthält, ist nach § 63 Abs. 2 UrhG die Quelle nur dann anzugeben, wenn die Verkehrsitte es erfordert. Die Quellenangabe ist grundsätzlich an dem zitierten Werk anzubringen, das heißt z.B. als Einblendung am Filmzitat. Teilweise wird hier eine Einblendung von 10 Sekunden gefordert.[74] Beim Filmzitat ist es allerdings anerkannt, dass die Quellenangabe durch ihre mögliche störende Wirkung nicht zu einer Verzerrung des zitierenden Werkes führen darf. Sofern die Quellen- und Urhebernennung am Zitat erfolgt, ist es vertretbar, die Einblendung nur beim ersten Zitat aus dem jeweiligen Film einzublenden, wenn für den Zuschauer erkennbar ist, dass die nachfolgenden Zitate aus der gleichen Quelle stammen. Auch diese Praxis lässt sich mit der störenden Wirkung der Quellenangaben auf den Gesamteindruck des zitierenden Werkes begründen.[75]

Nur wenn eine Quellenangabe nicht möglich ist, weil die Quelle weder auf dem benutzten Werkstück genannt noch anderweitig bekannt ist und auch Nachforschungen ergebnislos bleiben, kann ausnahmsweise auf eine Quellenangabe verzichtet werden.

Fazit:
Das Zitieren kurzer Filmsequenzen oder Textpassagen in neuen, ihrerseits urheberrechtlich geschützten Werken ist im Einzelfall zulässig, wenn das Zitat als Beleg dient und mit einer Quellenangabe versehen ist.

7. Bildzitat in Katalogen und in der Außendarstellung des Museums

196 In engen Grenzen ermöglich die sogenannte **Katalogbildfreiheit** gemäß § 58 UrhG den Museen die Bildauswertung geschützter Kunstwerke. § 58 Abs. 1 UrhG erlaubt den Museen die Nutzung von Werken für die Bewerbung ihrer Ausstellungen. Erlaubt ist die Vervielfältigung, Verbreitung und öffentliche Zugänglichmachung. Weiter erlaubt § 58 Abs. 2 UrhG es öffentlichen Bibliotheken, Bildungseinrichtungen oder Museen, Ausstellungsverzeichnisse und Bestandsdokumentationen herauszugeben. Die Publikationen dürfen dabei keinem Erwerbszweck dienen. Eine Vergütung wird dem Urheber nicht geschuldet. Als Ausnahmevorschrift ist die Katalogbildfreiheit jedoch eng auszulegen, da der Urheber nicht mehr Einschnitte in seine Rechte hinnehmen muss, als dies zur Erreichung des Zwecks der Katalogbildfreiheit notwendig ist.[76]

197 Erlaubnisfrei in diesem Rahmen ist die Abbildung von **Werken der bildenden Künste oder von Lichtbildwerken**. Ferner müssen sie unmittelbar dem Zweck der Ausstellung dienen. Im Vordergrund stehen muss das Informations- und Dokumentationsinteresse, nicht der Werkgenuss. In zeitlicher Hinsicht ist die Werknutzung auf die Dauer der Ausstellung bzw. eine gewisse Vorbereitungszeit beschränkt. Im Einzelnen sind folgende Fälle zu unterscheiden:

74 Klages-*Füllgraf*, Rn. 193.
75 Klages-*Füllgraf*, Rn. 192.
76 Wandtke/Bullinger-*Lüft*, § 58 Rn. 2; Schricker-*Vogel*, § 58 Rn. 4.

§ 58 Abs. 1 UrhG privilegiert die Werknutzung zu Werbezwecken. Hiernach erlaubt ist wohl die Herausgabe von **Ausstellungskatalogen.**[77] Hingegen werden aufwendig gestaltete Kunstbildbände von der Vorschrift nicht mehr erfasst. Die Grenzen sind fließend. Im Zweifel sollte das Museum Lizenzen von den Künstlern erwerben, statt auf § 58 UrhG zu vertrauen. Jedenfalls nicht mehr unter die Katalogbildfreiheit fallen die in Museumsshops vertriebenen Bildpostkarten, -kalender und andere Produkte, die das Kunstwerk wiedergeben. Hingegen gilt das frühere Verbot des Abdrucks auf **Werbeprospekten, Werbeplakaten oder Einladungskarten** nicht mehr. Neben der Werkverwertung in Druckerzeugnissen ist nunmehr auch eine solche mittels digitaler Offline-Medien (CD-ROM) sowie das zum Abruf in digitalen Netzen Verfügbar-Halten i.S.d. § 19a UrhG zulässig. Es ist jedoch darauf zu achten, dass die in § 58 Abs. 1 UrhG normierte Privilegierung nur dem Veranstalter der Ausstellung zuteil wird. Soweit sich dieser von dem Museum unterscheidet, kann sich das Museum auf die Katalogbildfreiheit nicht berufen. In zeitlicher Hinsicht erlaubt § 58 Abs. 1 UrhG die Verwertung der Werke nur in der Vorbereitungszeit der Veranstaltung oder während der Dauer der Veranstaltung. Nach Abschluss der Veranstaltung sind weitere Verwertungshandlungen zustimmungsbedürftig. 198

§ 58 Abs. 2 UrhG enthält für öffentlich zugängliche Bibliotheken, Bildungseinrichtungen oder Museen ein besonderes Privileg. Diesen wird es hiernach erlaubt, Werke in **Ausstellungsverzeichnissen** oder **Bestandsdokumentationen** abzubilden. Ausstellungsverzeichnisse erfordern jedoch zumindest einen inhaltlichen und zeitlichen Zusammenhang mit der Ausstellung, der nur dann gegeben sein dürfte, wenn Gegenstand des Verzeichnisses die ausgestellten Werke sind und die Herausgabe –wie bei § 58 Abs. 1 UrhG – während der Vorbereitungsphase und während des Ausstellunzeitraumes erfolgt. Unter Bestandsdokumentation ist die lückenlose Auflistung der zur Sammlung des Museums gehörenden Werke zum Zwecke ihres Nachweises zu verstehen. Beide Nutzungshandlungen sind jedoch nur zulässig, wenn sie keinem Erwerbszweck dienen. Die Materialien dürfen deshalb nur zum Selbstkostenpreis an Kunden abgegeben werden.[78] Weiter ist zu beachten, dass das Recht der öffentlichen Zugänglichmachung in § 58 Abs. 2 UrhG gerade ausgenommen ist. Online-Kataloge von Museen können nicht auf diese Vorschrift gestützt werden. 199

Hingegen findet das Katalogbildprivileg im Verhältnis zu dem **Fotografen, der das Kunstwerk abgelichtet hat,** keine Anwendung. Das Museum wird vom Erwerb eines diesbezüglichen einfachen oder ausschließlichen Nutzungsrechts nicht befreit. Dies ergibt bereits eine grammatikalische Auslegung des § 58 UrhG, der lediglich die Nutzung "von öffentlich ausgestellten oder zur öffentlichen Ausstellung … bestimmten 200

77 Eine Subsumtion des "klassischen" Ausstellungskatalogs unter die Werbemaßnahme iSd § 58 Abs. 1 UrhG ist wohl noch möglich; Wandtke/Bullinger-*Lüft*, 3. Auflage 2009, § 58 Rn. 8; Bayreuther, ZUM 2001, 828.

78 In der amtl. Begründung zu § 58 Abs. 2 UrhG (BT-Drs. 15/38, S. 22) heißt es, dass die Vorschrift des § 58 UrhG den öffentlich zugänglichen Bibliotheken, Bildungseinrichtungen und Museen im Hinblick auf ein kulturpolitisches Bedürfnis die Möglichkeit zur Herausgabe von Katalogen sichern soll. Dieser Zweck wäre nicht gewahrt, wenn einen Abgabe von Verzeichnissen zum Selbstkostenpreis nicht von der Schranke gedeckt wäre.

Werken" gestattet. Die von diesen hergestellten, selbst nicht ausgestellten Fotografien werden vom Wortlaut der Vorschrift nicht erfasst. Zum anderen ergibt sich das Ergebnis auch aus dem Zweck der Vorschrift. Die Vorschrift dient nicht nur dem Interesse des Veranstalters und Publikums, sondern auch des Urhebers, da durch die Aufnahme seines Werks in den Katalog Werbung betrieben wird. Dieser "Ausgleich" wird dem Fotografen des Werks aber nicht in gleicher Weise zuteil, da nicht seine Fotografie, sondern das Kunstwerk im Mittelpunkt steht. Die Fotorechte können im Übrigen auf einfache Weise erworben werden. Es ist kein Grund ersichtlich, dem Fotografen die Einkommensquelle abzuschneiden.

201 Zusammenfassend lässt sich festhalten, dass die in § 58 UrhG normierte Katalogbildfreiheit den Museen nur einen eng begrenzten Ausschnitt erlaubnisfreier Werkverwertung eröffnet. Insbesondere ist zu berücksichtigen, dass die Museen im Rahmen der Privilegierung gemäß § 58 UrhG zur Beachtung der Urheber- bzw. Leistungsschutzrechte der Fotografen angehalten sind.

202 **Fazit:**

Die Katalogbildfreiheit erleichtert die Produktion und den Vertrieb von Katalogen in unmittelbar zeitlichem und inhaltlichem Zusammenhang mit Ausstellungen insofern, als dass die abgebildeten Exponate zustimmungsfrei abgebildet werden dürfen. Etwaige Rechte des Reproduktionsfotografen an den Abbildungen sind jedoch zu klären.

8. Weitergabe von Bestandsmaterial an Dritte, z.B. Sender oder Verlage

a) Weitergabe an Dritte

203 Die Weitergabe von Bestandsmaterial (Filme, Fotos etc.) an Dritte, z.B. Sender, Verlage o.ä. stellt eine Verbreitungshandlung i.S.v. § 17 Abs. 1 UrhG dar. Grundsätzlich ist jedoch das Verbreitungsrecht durch Übereignung der Filmmaterialien an das Museum (gegebenenfalls auch schon vorher) nach § 17 Abs. 2 UrhG erschöpft, d.h. nach der ersten Verbreitung kann das Bestandsstück frei zirkulieren. Dabei ist jedoch zu beachten, dass das Vermietrecht als Bestandteil des Verbreitungsrechts nach § 17 Abs. 2 UrhG von der Erschöpfung ausgenommen ist. Das Museum darf mithin Bestandsstücke nur mit Zustimmung des Urhebers an Dritte vermieten. Die Vermietung i.S.v. § 17 Abs. 3 UrhG setzt eine Gebrauchsüberlassung voraus. Diese ist von einer Überlassung zur "Verwertung" abzugrenzen.[79] Beispielsweise ist daher die Überlassung von Tonträgern und Filmen zur öffentlichen Vorführung oder Sendung nicht als Vermietung anzusehen.[80] Dementsprechend dürfte auch eine Überlassung von Videomaterial zur Übernahme von Ausschnitten in Produktionen Dritter als Überlassung zur

79 Schricker-*Löwenheim*, § 17 Rn. 29.

80 Erwägungsgrund 13 der Richtlinie 2006/115/EG vom 12. Dezember 2006 (Vermiet- und Verleihrichtlinie).

Verwertung und nicht als Vermietung anzusehen sein. Gleiches dürfte für die Überlassung von Bildern zur Aufnahme in Publikationen gelten.

Aber auch wenn die Weitergabe des Bestandes selbst danach an sich keine Verlet- 204
zung des Verbreitungsrechts darstellt, ist die Überlassung von Kopien des Bestandes, die das Museum erstellt hat, nicht zulässig. Dies gilt z.B. auch für den Fall, dass das Museum Kopien nur im Rahmen der Archivschranke anfertigen darf (und nicht über Nutzungsrechte verfügt). Eine Vervielfältigung ist dann nicht von der Archivschranke gedeckt, wenn Kopien (auch) zu dem Zweck der Weitergabe an Dritte angefertigt werden.

b) Nutzung des Materials durch Dritte

Sofern das Museum nicht über die Rechte an dem jeweiligen Bestand verfügt, kann es 205
auch Dritten keine Nutzungsrechte z.B. zur Vervielfältigung, zur öffentlichen Zugänglichmachung, zur öffentlichen Wiedergabe oder zur Nutzung in Drittproduktionen hieran einräumen. Sofern das Museum beispielsweise einen Film an einen Sender weitergibt und dieser den Film sendet, begeht der Sender damit eine Urheberrechtsverletzung (Verletzung des Senderechts). Wenn er Ausschnitte des Filmmaterials in einer eigenen Produktion übernimmt, liegt darin eine Vervielfältigung. Ohne eine Rechteeinräumung entweder durch das Museum, sofern es hierzu berechtigt ist, oder durch den Rechteinhaber selbst, kann der Sender das Filmmaterial nur im Rahmen der oben aufgezeigten engen Grenzen des Filmzitats nutzen.

Deshalb ist es für das Museum wichtig, bei der Weitergabe von Beständen schrift- 206
lich darauf hinzuweisen, dass keine Rechte zur Nutzung eingeräumt werden und der Dritte selbst für die Klärung der Rechte verantwortlich ist.

Fazit:
Sofern das Museum nicht über das Recht zur Vervielfältigung verfügt, ist nur eine Überlassung von "Originalen" an Dritte möglich. Dies gilt auch für den Fall, dass das Museum zuvor eine Kopie im Rahmen der Archivschranke angefertigt hat, die beim Museum verbleibt.
Bei der Weitergabe von Beständen, an denen das Museum keine Rechte hat sollte das Museum schriftlich darauf hinweisen, dass keine Rechte eingeräumt werden.

9. „Elektronische Leseplätze"

Öffentlich zugängliche Bibliotheken, Museen und Archive, die keinen unmittelbar 207
oder mittelbar wirtschaftlichen oder Erwerbszweck verfolgen, dürfen gemäß § 52 b UrhG veröffentlichte Werke aus ihrem Bestand in ihren Räumen an eigens dafür eingerichteten elektronischen Leseplätzen zur Forschung und für private Studien zugänglich machen (sogenannte **"on-the-spot-consultation"**), soweit dem keine vertraglichen Regelungen entgegenstehen. Dabei dürfen grundsätzlich nicht mehr Exem-

plare eines Werks an den eingerichteten elektronischen Leseplätzen gleichzeitig zugänglich gemacht werden, als der Bestand der Einrichtung umfasst.

208 Auf der Grundlage von § 52 b UrhG können die begünstigten Einrichtungen ihr digitales Angebot auf der Basis ihrer vorhandenen Bestände also ohne den Erwerb zusätzlicher Lizenzen an elektronischen Produkten erweitern. Die Schranke ist für Bibliotheken, Museen und Archive deshalb von großem praktischem Interesse.

Folgende Voraussetzungen müssen vorliegen:

a) Privilegierte Einrichtungen

209 § 52 b UrhG begünstigt ausschließlich nichtkommerzielle, öffentlich zugängliche Bibliotheken, Museen und Archive. Ob eine solche Einrichtung öffentlich zugänglich ist, richtet sich nach deren Benutzungsordnung. Maßgeblich ist, ob die Einrichtung **jedermann offensteht**, oder aber nur einem abgegrenzten Personenkreis (z.B. den Mitarbeitern eines Instituts oder eines Museums). Auf eine öffentlich-rechtliche Trägerschaft oder Rechtsform kommt es dagegen nicht an, so dass auch öffentlich zugängliche private Bibliotheken, Museen oder Archive von § 52 b UrhG Gebrauch machen können. Die Einrichtung ist nichtkommerziell, wenn ihr Betrieb **nicht der Gewinnerzielung** dient. Nicht erforderlich ist dabei, dass die Nutzung der Einrichtung unentgeltlich erfolgt. Die Erhebung einer allgemeinen Benutzungsgebühr steht der Anwendung von § 52 b UrhG nicht entgegen.[81]

b) Nutzbare Werke

210 Dem Wortlaut nach ("Leseplätze") liegt die Anwendbarkeit des § 52 b UrhG auf Foto- und Filmmaterial zunächst fern. Für die Anwendbarkeit des § 52 b UrhG auf Filmbestände, Bilder, Tonaufnahmen usw. spricht jedoch, dass § 52 b UrhG keine Bereichsausnahme für einzelne Werkarten vorsieht. § 52 b UrhG enthält auch **keine Sperrfristen**, die eine Nutzung bestimmter Werke (insbesondere Filme) erst nach Ablauf einer bestimmten Zeit nach Beginn der Primärverwertung durch den Rechteinhaber gestatten. Zu beachten ist, dass die in § 52 b UrhG erlaubte Nutzung (Zugänglichmachung) von der öffentlichen Vorführung zu unterscheiden ist. Um zu verhindern, dass die Zugänglichmachung in unzulässiger Weise in das Recht der öffentlichen Vorführung eingreift, dürfen Tonaufnahmen daher nicht über Lautsprecher, sondern nur über Kopfhörer zugänglich gemacht werden.

211 Die zugänglich gemachten Werke müssen **veröffentlicht** sein. Ein Werk ist veröffentlicht, wenn es i.S.v. § 6 Abs. 1 UrhG mit Zustimmung des Berechtigten der Öffentlichkeit zugänglich gemacht worden ist. Auch eine begrenzte Öffentlichkeit kann zu einer Veröffentlichung i.S.v. § 6 UrhG führen. Entscheidend für das Vorliegen einer

81 Wandtke/Bullinger-*Jani*, § 52 b Rn. 11; Fromm/Nordemann-*Dustmann*, § 52 b Rn. 5.

Öffentlichkeit ist, dass es sich nicht um einen bestimmten von vornherein abgegrenzten Personenkreis handelt, bei dem der Urheber im Fall der Vorstellung seines Werks nicht auf Veröffentlichungsreife bedacht zu sein braucht.[82] Die Veröffentlichung des Werks kann sich auch aus den Umständen ergeben. Bei Bibliotheksbeständen wird die Veröffentlichung regelmäßig zu bejahen sein.

Praxistipp:
Insbesondere bei Werken aus Nachlässen (Briefe, Manuskripte, Entwürfe) kann es sich um unveröffentlichtes Material handeln! Sofern der Nachlass dem Archiv nur zur Verwahrung übergeben worden ist, kann nicht ohne weiteres daraus geschlossen werden, dass der Urheber oder sein Erbe mit der Übergabe auch sein Veröffentlichungsrecht ausgeübt hat. Hier sollte deshalb stets eine eindeutige Regelung im Depositarvertrag getroffen werden.

c) Elektronische Leseplätze

Die elektronischen Leseplätze müssen "eigens", d.h. ausschließlich für die Nutzung 212
gemäß § 52 b UrhG eingerichtet werden. Sie dürfen **nicht für andere Zwecke verwendet** werden. Die Computer dürfen daher keinen Internetanschluss haben. Unzulässig wäre es auch, den Nutzern der Einrichtung den Zugriff auf das digitale Angebot über eigene Geräte (z.B. Notebooks) zu ermöglichen. Zulässig dürfte allerdings wohl die Anbindung des elektronischen Leseplatzes an den Bestandskatalogs der Einrichtung sein.[83]

Da grundsätzlich alle Werkarten an Leseplätzen zugänglich gemacht werden dürfen, 213
kann ein "Leseplatz" auch ein "Hörplatz" oder ein "Sehplatz" sein, wenn z.B. Filme oder Tonaufnahmen zugänglich gemacht werden.

d) Nur Werke aus dem eigenen Bestand

Es dürfen nur Werke zugänglich gemacht werden, die das Museum/Archiv dauerhaft 214
im eigenen Bestand hat. Nicht eindeutig geregelt ist, ob die Einrichtung Eigentümerin des Werks sein muss. Notwendig, aber auch ausreichend dürfte jedoch sein, dass das Werk von der Einrichtung inventarisiert und zum dauerhaften Verbleib in der Einrichtung bestimmt ist. Auch **Leihgaben** sind daher dem Bestand zuzuordnen, sofern sie in den Bestand der Einrichtung aufgenommen werden.

82 Dreier/Schulze-*Schulze*, § 6 Rn. 7.
83 Dreier/Schulze-*Dreier*, § 52 b Rn. 10; Wandtke/Bullinger-*Jani*, § 52 b Rn. 14.

e) Gleichzeitige Nutzung an mehreren Leseplätzen

215 Die Werke aus dem Bestand des Museums/Archivs dürfen grundsätzlich nur in der Anzahl gleichzeitig an Leseplätzen zugänglich gemacht werden, wie die Einrichtung körperliche Exemplare in ihrem Bestand hat. Das heißt, eine Fotografie, von dem das Museum oder Archiv als Unikat nur ein Exemplar in seinem Bestand hat, darf zur gleichen Zeit grundsätzlich nicht simultan von zwei Leseplätzen aus genutzt werden. Soll ein Buch gleichzeitig an fünf Leseplätzen zugänglich sein, muss die Einrichtung zuvor fünf Originalexemplare anschaffen.

216 Die Zahl der gleichzeitig zugänglichen Exemplare muss "grundsätzlich" dem Bestand entsprechen. Eine vorübergehende Überschreitung dieser Bestandsbindung ist daher in Ausnahmefälle und in begrenztem Umfang zulässig. Mit dieser Regelung wollte der Gesetzgeber vor allem dem Bedürfnis nach einer Flexibilisierung in Belastungsspitzen Rechnung tragen, wobei die gleichzeitige Nutzung eines Exemplars an maximal vier elektronischen Leseplätzen nicht überschritten werden darf.[84] Weiter spricht viel dafür, die starre "Bestandsakzessorietät" bei vergriffenen Werken etwas abzumildern und hier die simultane Nutzung an bis zu vier Leseplätzen als Regelfall zuzulassen.[85] Die "Bestandsakzessorietät" dient dem Schutz der Verwertungsinteressen der Verleger und sonstigen Rechteinhaber; dieses Schutzbedürfnis entfällt, wenn das Werk im regulären Handel nicht mehr erhältlich ist. Das gilt erst Recht bei Unikaten (z.B. urheberrechtlich geschützte Archivalien aus einem Nachlass), von denen überhaupt nur ein Exemplar existiert. Im Hinblick darauf, dass aber diese Frage bislang von der Rechtsprechung noch nicht geklärt ist, sollte die Einrichtung sich vorsichtshalber gemäß dem Gesetzeswortlaut stets entweder auf einen Leseplatz beschränken oder technische Maßnahmen vorsehen, die bewirken, dass auf einzelne Digitalisate nicht von mehreren Leseplätzen gleichzeitig zugegriffen werden kann.

f) Recht zur Digitalisierung ("Annexvervielfältigung")

217 Der Gesetzgeber geht davon aus, dass § 52 b UrhG in erster Linie dazu dient, analoge Werkstücke (Bücher, Zeitschriften, Fotografien, Filme) aus den vorhandenen Beständen der Einrichtungen in digitaler Form an elektronischen Leseplätzen nutzbar zu machen.[86] Das setzt zwangsläufig voraus, dass diese Werke zunächst im Wege der Digitalisierung für diese Nutzung aufbereitet werden. Dieser Vorgang greift in das Vervielfältigungsrecht (§ 16 UrhG) der Urheber und Verlage ein. Die Anwendung von § 52 b UrhG auf gedruckte Werkexemplare setzt also ein Vervielfältigungsrecht voraus. Allerdings enthält die Vorschrift hierzu keine ausdrückliche Regelung. Daraus, dass § 52 b UrhG eine solche Regelung nicht enthält, kann indes nicht geschlossen werden, dass die erforderlichen Digitalisierungen hier unzulässig seien, denn

84 BT-Drucks. 16/5939, S. 44.
85 Vgl. Wandtke/Bullinger-*Jani*, § 52 b Rn. 35.
86 BT-Drucks. 16/5939, 44.

§ 52 b UrhG wäre in diesem Fall nicht anwendbar. Es ist deshalb davon auszugehen, dass es sich hierbei um ein redaktionelles Versehen des Gesetzgebers handelt und dass § 52 b UrhG zugunsten der privilegierten Einrichtungen eine **ungeschriebene Annexberechtigung** zur Herstellung von Digitalisaten begründet.[87] Entsprechend sind auch die übrigen Vervielfältigungen zulässig, die für die Zugänglichmachung am elektronischen Leseplatz erforderlich sind (insb. beim Upload auf den Server).

g) Keine entgegenstehenden vertraglichen Regelungen

Die oben beschriebene Zugänglichmachung an elektronischen Leseplätzen ist dann 218 ausgeschlossen, wenn ihr "vertragliche Regelungen" entgegenstehen. Gemeint sind hiermit etwaige vertragliche Regelungen zwischen dem Rechteinhaber (z.B. einem Verlag) und der Einrichtung als Eigentümerin des Werkexemplars über die digitale Bereitstellung des Werks durch den Rechteinhaber. Ob bloße **Angebote des Verlags** zum Abschluss eines Vertrags über elektronische Leseplatz-Publikationen ausreichen, um die gesetzliche Vorrangwirkung auszulösen, ist umstritten; die Rechtsprechung verneint dies.[88]

Bei **Altbeständen** von Museen (historische und vergriffene Werke) wird sich diese 219 Frage oftmals gar nicht stellen und deshalb ohne praktische Bedeutung sein, weil hier ohnehin keine digitalen Angebote der Verlage bestehen.

i) "Anschlussnutzungen" durch die Besucher der Einrichtung

§ 52 b UrhG regelt nicht, ob und inwieweit die Einrichtung befugt ist, ihren Nutzern 220 mit dem Leseplatzangebot auch die Möglichkeit zur Anfertigung von Kopien (zum privaten oder sonstigen eigenen Gebrauch nach § 53 UrhG) zu schaffen. Die Nutzer sollen die Angebote an elektronischen Leseplätzen in gleicher Weise wie in analoger Form nutzen können.[89] Das OLG Frankfurt a.M. hat jedoch entschieden, dass § 52 b UrhG es der jeweiligen Bibliothek bzw. dem Museum nicht gestatte, den Nutzern eine nach § 53 UrhG an sich zulässige Anschlussvervielfältigung zu ermöglichen, und zwar **weder durch Speicherung** des Werkes auf einem USB-Stick **noch durch Ausdruck**.[90] Die Einrichtung muss die Anfertigung von Kopien durch die Nutzer durch geeignete technische Maßnahmen (Sperrung der Schnittstellen usw.) sicherstellen. Ob

87 OLG Frankfurt a. M. GRUR-RR 2010, 1 – Elektronische Leseplätze; Wandtke/Bullinger-*Jani*, § 52 b Rn. 19; Dreier/Schulze-*Dreier*, § 52 b Rn. 14; Fromm/Nordemann-*Dustmann*, § 52 b Rn. 10.

88 OLG Frankfurt a. M. GRUR-RR 2010, 1 – Elektronische Leseplätze; ebenso: Fromm/Nordemann-*Dustmann*, § 52 b Rn. 10 f.; Wandtke/Bullinger-*Jani*, § 52 b Rn. 27; a. A.: Dreier/Schulze-*Dreier*, § 52 b Rn. 412

89 Vgl. BT-Drucks. 16/1828 S. 26.

90 OLG Frankfurt a. M. GRUR-RR 2010, 1 – Elektronische Leseplätze.

sich dieses strikte Verbot auf Dauer durchsetzt, oder ob zumindest Ausdrucke gestattet werden, bleibt abzuwarten.

j) Rechtsfolge: Angemessene Vergütung (§ 52 b Abs. 3 UrhG)

221 Für die Werknutzung an elektronischen Leseplätzen muss dass Museum grundsätzlich eine angemessene Vergütung entrichten. Dieser von § 52 b Abs. 3 UrhG vorgesehene Vergütungsanspruch kann nicht vom Urheber selbst, sondern **nur von einer Verwertungsgesellschaft** geltend gemacht werden.

222 Zur Vergütung der Nutzung urheberrechtlich geschützter Werke im Rahmen der Schrankenregelung des § 52 b UrhG hatten die VG Bild-Kunst und die VG Wort mit den Ländern bis Ende 2009 eine erste pauschale, von den Ländern zu entrichtende Vergütung von EUR 200.000,00/Jahr zur Abgeltung der Rechte an Text und Bild vereinbart. Hintergrund für diese Regelung ist, dass es sich um eine sehr neue Schrankenvorschrift handelt und bislang nur wenige solche Leseplätze eingerichtet wurden, weshalb eine **bis Ende 2009** befristete Pauschalvergütung sicherstellen sollte, dass sich Nutzungen unter dieser Schrankenregelung entwickeln können und dafür eine Vergütung an die Rechteinhaber gezahlt wird – zugleich aber die Möglichkeit besteht, Informationen über den Umfang der Nutzug und die genutzten Werke zu gewinnen. Gleichzeitig wurde im Vertrag vereinbart, eine Arbeitsgruppe einzusetzen, die Tariflösungen ab 2010 erarbeiten soll. Die Verhandlungen über einen neuen Tarif dauern an. Die Verwertungsgesellschaften streben eine nutzungsbezogene Vergütung an. Zum aktuellen Stand der Dinge sollten sich interessierte Bibliotheken, Museen und Archive an die Kultusministerkonferenz (KMK) wenden

Für die Anbieter elektronischer Leseplätze gilt:

- *Sie dürfen Werke aus ihren eigene Beständen einscannen, um sie an Leseplätzen in digitaler Form zugänglich zu machen.*
- *Jedes Bestandsexemplar darf grundsätzlich nicht an mehreren Plätzen gleichzeitig genutzt werden.*
- *Das bloße Angebot eines Verlags zum Abschluss eines Vertrags über elektronische Leseplatz-Publikationen löst die gesetzliche Vorrangwirkung noch nicht aus.*
- *Sog. Anschlussnutzungen durch die Nutzer des elektronischen Leseplatzes (Ausdrucken/Speichern der digitalisierten Werke) dürfen vom Betreiber des Leseplatzes nach der Rechtsprechung nicht ermöglicht werden; der Betreiber des elektronischen Leseplatzes muss das durch geeignete technische Vorkehrungen sicherstellen.*
- *Die Vergütung ist zurzeit noch ungeklärt.*

10. Bereitstellung von Beständen für Nutzer zur Ansicht

Viele Museen unterhalten neben dem Museumsbetrieb Bibliotheken für die Museumsbesucher. 223

Aus konservatorischen Gründen handelt es sich hierbei meistens um Präsenzbibliotheken. Das bloße Bereitstellen von Büchern zur Ansicht/zum Lesen/zur Recherche für Besucher der Bibliothek ist urheberrechtlich irrelevant. Nur wenn die Originale oder Vervielfältigungsstücke verliehen werden, werden sogenannte "Bibliothekstantieme" von den Verwertungsgesellschaften erhoben (§ 27 Abs. 2 und Abs. 3 UrhG). 224

Manche Museen möchten in einer solchen Bibliothek nicht nur Bücher, sondern auch Filme bereitstellen. Während das Bereitstellen von Büchern in einer Bibliothek urheberrechtlich unbedenklich ist, stellt sich die Rechtslage bei Filmen etwas komplizierter dar: 225

a) Bereitstellen der vom Museum für das Archiv angefertigten Kopien des Filmmaterials

Unabhängig davon, wie der Vorgang des Bereitstellens von Filmen für Nutzer in der Bibliothek urheberrechtlich zu bewerten ist, ist der Vorgang urheberrechtswidrig, sofern das Museum hierfür selbst oder durch Dritte für das Archiv angefertigte Kopien verwendet. Wie oben bereits dargestellt umfasst die Archivschranke nur das Anfertigen von Kopien für die rein interne Archivnutzung unter dem Gesichtspunkt der Bestandssicherung, nicht jedoch die Weitergabe an Dritte. Bei der Bereitstellung für Nutzer der Bibliothek, ist schon die Vervielfältigung nicht von der Archivschranke umfasst und daher ohne Einwilligung des Rechteinhabers unzulässig. 226

b) Bereitstellen von Originalwerkstücken

Die Bereitstellung von Originalwerkstücken zur Ansicht in der Bibliothek ist eine urheberrechtlich relevante Nutzungshandlung, die urheberrechtlich als Vorführung (§ 19 Abs. 4 UrhG) oder Verleih (§ 27 Abs. 2 UrhG) eingeordnet werden kann. 227

Grundsätzlich ist das öffentliche Wahrnehmbarmachen von Filmen mittels technischer Einrichtungen (z.B. VHS-Rekorder, DVD-Spieler) eine Vorführung i.S.d. § 19 Abs. 4 UrhG und bedarf gemäß § 52 Abs. 3 UrhG der Zustimmung des Rechteinhabers. Hierzu gelten die unter Ziffer I 2 a) und b) (Rn. 161 ff.) dargestellten Grundsätze. Von einer "öffentlichen" Vorführung ist, wie oben dargestellt, grundsätzlich auch dann auszugehen, wenn im Einzelfall nur einem einzelnen Nutzer der Film vorgeführt wird, das **Angebot sich** aber **an die Öffentlichkeit richtet**. Seit der Urheberrechtsreform ist klargestellt, dass der Begriff der Öffentlichkeit keine gleichzeitige Wahrnehmung eines Werks durch mehrere Personen erfordert. Auch die **sukzessive Wahrnehmung** 228 durch verschiedene Personen, die weder untereinander noch mit dem Veranstalter persönlich verbunden sind, ist vom dem Begriff der Öffentlichkeit umfasst.[91]

229 Von einer sukzessiven Öffentlichkeit ist jedoch nicht mehr auszugehen, wenn individuelle, abgeschlossene Nutzungshandlungen zusammengezählt werden müssten.[92]

230 Auch setzt die Definition der Öffentlichkeit in § 15 UrhG voraus, dass sich das Angebot an die Öffentlichkeit richtet, d.h. für die Öffentlichkeit bestimmt ist. Entscheidend hierfür ist die objektive Bestimmung für eine Mehrzahl von Mitgliedern der Öffentlichkeit. Ergibt sich die Öffentlichkeit nur zufällig, so ist die Wiedergabe nicht öffentlich.[93]

231 Daher spricht vieles dafür, dass eine öffentliche Vorführung dann nicht mehr vorliegt, wenn die Bereitstellung von Filmen in der Bibliothek so ausgestaltet wird, dass einem einzelnen Nutzer (oder mehreren miteinander verbundenen Nutzern, die keine Öffentlichkeit darstellen, siehe oben) auf Anfrage die Möglichkeit eingeräumt wird, in einem räumlich abgetrennten Bereich der Bibliothek einen Film mittels eines Wiedergabegerätes anzusehen. Wichtig ist hierbei, dass sich nicht weitere Nutzer der Bibliothek, die mit dem Nutzer, der die Anfrage gestellt hat, in keiner persönlichen Beziehung stehen, hinzugesellen. Auch sollte das Museum, um Abgrenzungsschwierigkeiten zu vermeiden, grundsätzlich Gruppen den Genuss von Filmmaterial verwehren, denn es wird sich im Einzelfall schwer überprüfen lassen, ob die Mitglieder der Gruppe miteinander in persönlicher Verbindung stehen oder nicht. Unter diesen Voraussetzungen ist ein solches Angebot nicht öffentlich, denn die Einzelnutzungen können nicht zu einer öffentlichen Nutzung "addiert" werden. Da bei einem so ausgestalteten Angebot die Vorführung nur auf Anfrage und nur vor einzelnen Nutzern erfolgt, richtet sich das Angebot nicht an die Öffentlichkeit im Sinne der Vorschrift des § 15 UrhG. Eine zustimmungspflichtige öffentliche Vorführung i.S.d. § 19 Abs. 4 UrhG ist dann nicht gegeben.

11. Kopienversand auf Bestellung

232 In Fällen, in denen ein bestimmtes Werk in einer Bibliothek nicht vorhanden ist oder aber wenn der Nutzer überhaupt keinen Zugang zu einer Bibliothek in seiner Nähe hat, liegt es nahe, dass eine Bibliothek den gewünschten Text als Kopie versendet. Ob ein solcher Kopienversand ohne die Zustimmung des Verlags gestattet ist, war lange Zeit umstritten. In einer Grundsatzentscheidung aus dem Jahr 1999 hat der BGH den Kopienversand durch Bibliotheken **per Post und per Telefax** grundsätzlich für zulässig erachtet, sofern der Besteller sich auf § 53 UrhG berufen kann und wenn der Versand auf Einzelbestellung erfolgt.[94]

91 Dreier/Schulze-*Dreier*, § 15 Rn. 42.
92 Dreier/Schulze-*Dreier*, § 19 Rn. 18.
93 Amtl. Begr., BT-Drucks. 15/38 S. 17.
94 BGH GRUR 1999, 707 – Kopienversanddienst.

Der BGH hatte in seiner Entscheidung die Erwartung geäußert, dass die Zulässigkeit des Kopienversands mittelfristig gesetzlich zu regeln sei.[95] Diese Erwartung hat der Gesetzgeber im Jahr 2008 erfüllt und § 53 a UrhG neu geschaffen. Mit dieser neuen Regelung ist die Rechtsprechung des BGH zum zustimmungsfreien Versand von Kopien durch Bibliotheken im Urheberrechtsgesetz nachvollzogen worden, um die gesetzliche Lücke, die der Bundesgerichtshof vorübergehend ausgefüllt hatte, zu schließen. Zulässig ist danach die Übermittlung einzelner in Zeitschriften und Zeitungen erschienener **Beiträge** sowie **kleiner Teile** eines erschienenen Werks im Wege des Post- und Faxversands. Darüber hinaus erklärt § 53 a UrhG aber auch die Übermittlung von Kopien in sonstiger elektronischer Form für zulässig, soweit die Kopie als **graphische Datei** versendet wird und funktional an die Stelle der Einzelübermittlung in körperlicher Form tritt.[96] Der elektronische Versand ist unzulässig, wenn der Zugang zu den Beiträgen oder kleinen Teilen eines Werks Mitgliedern der Öffentlichkeit von Orten und zu Zeiten ihrer Wahl mittels einer vertraglichen Vereinbarung **zu angemessenen Bedingungen** offensichtlich ermöglicht wird.[97] Mit diesen Einschränkungen wollte der Gesetzgeber die elektronische Primärverwertung durch die Verlage schützen.[98] Der Kopienversand ist gemäß § 53 a Abs. 2 UrhG vergütungspflichtig. 233

Wie die meisten anderen Schranken enthält auch § 53 a UrhG keine ausdrückliche Beschränkung auf bestimmte Werkarten. Aus der Gesetzessystematik und den gemeinschaftsrechtlichen Grundlagen sowie dem praktischen Anwendungsbereich ergibt sich aber, dass der Kopienversand in erster Linie für **Schriftwerke** in Betracht kommt.[99] Andere Werkarten (Musik, Film) sind für einen Kopienversand auch deshalb kaum relevant, weil stets nur ein **kleiner Teil** des Werks per Kopie übersandt werden darf. Einzelne Beiträge aus Zeitungen oder Zeitschriften können allerdings auch Lichtbildwerke, Lichtbilder, Graphiken usw. sein.[100] 234

Elektronische Kopien dürfen ferner nur als **grafische Datei** übermittelt werden, die keine weitergehenden Nutzungsmöglichkeiten als der Originaltext bieten.[101] Sie müssen das Dokument also **als Faksimile** wiedergeben und dürfen deshalb nur auf analoge Weise durch Ansicht am Bildschirm oder durch Ausdruck nutzbar sein. Maßgebliches Kriterium zur Abgrenzung grafischer Dateien von sonstigen Dateien ist die Möglichkeit zur **Volltextrecherche**, die im Zuge der technischen Entwicklung jedoch zunehmend schwieriger wird. Auch bei grafischen Dateien ist eine Texterkennung heute möglich.[102] 235

Zum Kopienversand auf Bestellung sind nur öffentliche **Bibliotheken** berechtigt; andere Einrichtungen (Museen, Archive usw.) dürfen den Versand von Kopien gemäß 236

95 BGH GRUR 1999, 707, 714 – Kopienversanddienst.
96 Wandtke/Bullinger-*Jani*, § 53 a Rn. 20; BT-Drucks. 16/1828, 27.
97 Dazu eingehend: Wandtke/Bullinger-*Jani*, § 53 a Rn. 26 ff.
98 Wandtke/Bullinger-*Jani*, § 53 a Rn. 32.
99 Wandtke/Bullinger-*Jani*, § 53 a Rn. 15.
100 Dreier/Schulze-*Dreier*, § 53 Rn. 33.
101 BT-Drucks. 16/1828, S. 27.
102 Wandtke/Bullinger-*Jani*, § 53 a Rn. 26.

§ 53 a UrhG nicht anbieten, sofern sie nicht zugleich auch über eine (öffentliche) Bibliothek verfügen.

237 Der elektronische Kopienversand ist schließlich nur dann zulässig, wenn der Zugang zu dem betreffenden Werk oder Beitrag der Öffentlichkeit nicht offensichtlich von Orten und zu Zeiten ihrer Wahl mittels vertraglicher Vereinbarungen zu angemessenen Bedingungen möglich ist. Um den Bibliotheken einen unverhältnismäßigen Rechercheaufwand zu ersparen, muss das verlagseigene Angebot **"offensichtlich"** sein. Gerade die großen Verlage bieten heute bereits über online-Datenbanken eine Übersicht über ihr Verlagsprogramm an. Außerdem ist mit der Elektronischen Zeitschriftenbibliothek (EZB) eine Datenbank im Aufbau, die Daten über per Einzelabruf erhältliche Beiträge der angeschlossenen Verlage enthält.[103]

II. Urheberpersönlichkeitsrechtliche Aspekte der Nutzung digitalisierter Bestände

238 Die Digitalisierung und die Nutzung digitalisierter Fotos können in einen Konflikt mit dem Urheberpersönlichkeitsrecht treten. Digitalisierte Bilder lassen sich spurenlos bearbeiten. Die Bildbearbeitung kann sich als eine Verfälschung der inhaltlichen oder ästhetischen Aussage eines Fotos darstellen. Im Bereich der Reproduktionsfotografie ist zu beachten, dass es zu einer solchen Verfälschung des abgebildeten Werks kommen kann. Problematisch können weiter digitale Bildcollagen sein. Auch die Übertragung farbiger Aufnahmen in Schwarz-Weiß-Bilder kann das Urheberpersönlichkeitsrecht tangieren. Schließlich kann auch die Veränderung der Größenverhältnisse eines Bilds urheberpersönlichkeitsrechtlich relevant sein. Wird eine vom Urheber auf ein bestimmtes Format festgelegte Fotografie etwa für Ausstellungszwecke stark vergrößert (sog. „Blow up“), so kann dies einen Eingriff in das Urheberpersönlichkeitsrecht bedeuten.

239 Bei unveröffentlichten Fotos ist darauf zu achten, dass dem Urheber das Recht der Erstveröffentlichung zusteht.

103 http://rzblx1.uni-regensburg.de/ezeit/.

Teil 4: Weitere Aspekte bei der Bildauswertung durch Museen

Viele Museen, Bibliotheken und Archive haben im digitalen Zeitalter den Wunsch, ihre Bestände dem Publikum in einer zeitgemäßen Form präsentieren zu können, also beispielsweise im Internet. 240

Daneben haben sich viele Museen in den letzten Jahren das Feld der (kommerziellen) Bildauswertung erschlossen: Sie lizenzieren Abbildungen von Kunstwerken oder anderen Gegenständen aus ihrem Bestand, historischen Werbeprospekten o.ä. gegen Entgelt an Dritte. Hierbei haben die Museen ein natürliches Interesse daran, ihre Bestände möglichst exklusiv zu verwerten.

Die oben dargestellten Urheber- und Leistungsschutzrechte an den Beständen selbst und an deren Reproduktionen bieten aus der Perspektive der Museen jedoch nur lückenhaften Schutz vor Konkurrenzprodukten:

Bei urheberrechtlich geschützten Beständen (meist Kunstwerke) können der Urheber oder seine Erben einem Dritten das (notwendige) Recht zur konkreten Werknutzung einräumen, soweit sich das Museum keine exklusive Lizenz verschafft hat, was in der Regel nicht der Fall sein.

Ist die urheberrechtliche Schutzfrist abgelaufen, so ist das geistige Werk gemeinfrei und kann grundsätzlich von jedermann ohne Erlaubnis des Eigentümers des Kunst-Werks oder der Erben des Künstlers wiedergegeben werden. Zwar erwirbt das Museum, wenn es seine Bestände fotografiert, ein Leistungsschutz- oder Urheberrecht an der jeweiligen Fotografie des Kunstwerks. Dies bewirkt jedoch nicht, dass das Museum einem Dritten das erneute Fotografieren und die Nutzung dieser Fotografien des Dritten (oder auch den Vertrieb bereits bestehender Fotografien) verbieten kann. Denn die oben ausführlich dargestellten Urheber- und Leistungsschutzrechte an Fotografien beziehen sich immer nur auf die konkrete Abbildung, bewirken aber nicht, dass es einem Dritten aus urheberrechtlichen Gründen verboten wäre, dasselbe Motiv, d.h. den Bestand zu fotografieren. Wenn das Museum einen (Haus)fotografen mit der Ablichtung der Bestände beauftragt und der Fotograf dem Museum umfassende und ausschließliche Rechte einräumt, hat das Museum im Ergebnis ausschließliche Verwertungsrechte nur in Hinblick auf die konkrete Abbildung inne.

Beispiel: Grundsätzlich ist es beispielsweise erlaubt, dass ein Verlag einen Fotografen mit der Herstellung einer Fotografie von dem Kunstwerk beauftragt und sich die Rechte für den Abdruck im Buch von dem Fotografen einräumen lässt. Der Verlag benötigt ferner, soweit das Kunstwerk noch urheberrechtlich geschützt ist, die Lizenz von dem Künstler für den Abdruck im Buch. Das Museum, in dessen Eigentum das Kunstwerk steht, bleibt bei dieser Konstellation außen vor.

241 An dieser Stelle kommt die Frage nach dem Eigentumsrecht an dem Kunstwerk sowie dem Hausrecht als Rechtsgrundlage für eine exklusive Bildauswertung ins Spiel.

I. Bildauswertung und Eigentumsrecht

242 Von großem Interesse für Museen ist die Frage, ob es rechtliche Möglichkeiten gibt, das Fotografieren von Beständen des Museums und die Verwertung solcher Fotografien als Eingriff in das Eigentumsrecht zu untersagen. Die Kehrseite eines solchen Verbotsrechts wäre nämlich die Lizenzierungsmöglichkeit und damit die Möglichkeit der Bildauswertung. Ob die Anfertigung einer (Reproduktions-)fotografie von einem Kunstwerk und die Verwertung dieses Fotos ohne Einwilligung des Eigentümers grundsätzlich eine Eigentumsverletzung bzw. -störung darstellt (§§ 823 ff., 1004 BGB) ist nach geltendem Recht höchst zweifelhaft. Eine Eigentumsverletzung liegt nach herkömmlicher Definition dann vor, wenn unmittelbar beeinträchtigend auf eine Sache eingewirkt wird.[104] Ausgangspunkt ist hierbei die in § 903 BGB normierte **Befugnis des Eigentümers, mit einer ihm gehörenden Sache nach Belieben zu verfahren** und andere von jeder Einwirkung auszuschließen, soweit Rechte Dritter nicht entgegenstehen. Von einer Beeinträchtigung des Eigentums im bezeichneten Sinn ist zweifelsohne dann auszugehen, wenn die Sache eine körperliche Einwirkung in Form einer Substanzverletzung erfährt. An einer derartigen körperlichen Einwirkung wird es in den vorliegend relevanten Fallkonstellationen jedoch regelmäßig fehlen, lässt man einmal die Möglichkeit außer Betracht, dass der fotografische Einsatz von Blitzlicht oder Scheinwerfern einzelfallbezogen zu chemischen Reaktionen und einer hiermit einhergehenden Beschleunigung des Alterungsprozesses ausgestellter Kunstwerke führen kann. Dann aber kommt der Frage entscheidende Bedeutung zu, ob auch ohne Substanzeinwirkung – allein durch die unkörperliche fotografische Abbildung fremder (Kunst-)Gegenstände – eigentumsrechtliche Abwehransprüche begründet werden können.

243 In diesem Sinne wird häufig das **Urteil des BGH "Schloss Tegel"** aus dem Jahre 1974 verstanden.[105] Der Eigentümer des von Karl Friedrich Schinkel 1820 bis 1824 umgebauten Schlosses Tegel wollte sich gegen den Vertrieb von Aufnahmen zur Wehr setzen, die unter Betreten seines Privatgrundstückes von dem historischen Gebäude angefertigt worden waren. Der BGH beurteilte das Fotografieren als Anmaßung eigentumsrechtlicher Herrschaftsbefugnisse, wenn und weil es nur durch Eindringen in den räumlichen Schutzbereich möglich sei, gegen das sich der Eigentümer rechtlich und faktisch zur Wehr setzen könne.[106] Entscheidende Bedeutung maß der BGH in diesem Zusammenhang ferner der Gewerbsmäßigkeit der Bildverwertung bei: Lasse sich die Ansicht eines Gebäudes durch den Vertrieb von Abbildungen gewerblich auswerten, so liege es nahe, das Recht solcher Nutzung dem Eigentümer vorzubehalten,

104 Schlingloff, AfP 1992, 112, 113 m.w.N.
105 BGH GRUR 1975, 500 – Schloss Tegel.
106 BGH GRUR 1975, 500, 501 – Schloss Tegel.

der es unterhalte.[107] Wer die Ansicht einer Sache gewerblich verwerte, mache sich nach natürlicher Betrachtung einen fremden Vermögenswert nutzbar.[108]

Das Gericht stellte in der Entscheidung zwar auf das Eigentum an dem Haus bzw. 244
dem Grundstück ab, ließ aber zunächst offen, ob das Fotografieren selbst eine unzulässige Einwirkung auf das Eigentum sei oder ob die Eigentumsverletzung vielmehr in den Begleitumständen (unbefugtes Betreten des Grundstücks) liege.[109]

Dass der BGH die angenommene Beeinträchtigung nicht aus der Abbildung frem- 245
den Eigentums als solcher, sondern vielmehr aus den beschriebenen Begleitumständen ableitet, zeigte sich einige Jahre später in der ebenfalls bekannten Entscheidung **"Friesenhaus"**.[110] Bei diesem Rechtstreit ging es darum, ob ein Unternehmen für die Titelseite seines Werbekataloges das Abbild eines "im typisch friesischen Stil" errichteten Hauses benutzen durfte. Der BGH lehnte in diesem Fall Ansprüche aus dem Eigentum ab, da die Aufnahmen nicht unter unerlaubtem Betreten fremden Privateigentums, sondern von einer allgemein zugänglichen Stelle aus angefertigt worden waren.[111] Allein die äußere, wertfreie Sachgestaltung, die durch den Anblick des körperlichen Gegenstandes sowie durch sein Abbild vermittelt werde, werde vom Zuweisungsgehalt des Eigentums jedoch nicht erfasst.[112] Dies gelte in gleichem Maße für die Verwertung, da sie auf die Nutzung des Eigentums keinerlei Auswirkung habe und daher weder die rechtliche noch die tatsächliche Herrschaftsmacht des Eigentümers berühre.[113]

Legt man diese Rechtsprechung des BGH zugrunde, kommt ein Verbotsrecht des 246
Museums jedenfalls dann in Betracht, wenn die Aufnahmen unter unerlaubtem Eindringen in ihren räumlichen Schutzbereich angefertigt wurden.[114]

107 BGH GRUR 1975, 500, 501 – Schloss Tegel.
108 BGH GRUR 1975, 500, 502 – Schloss Tegel.
109 Der BGH zitiert in "Schloss Tegel" die Entscheidung "Apfelmadonna" (GRUR 1966, 503 ff.) und stellt fest, dass diese die Frage offen lässt. In der Entscheidung "Friesenhaus" (BGH NJW 1989, 2251, 2252) zitiert der BGH die oben genannte Entscheidung "Schloss Tegel" und die Entscheidung "Apfelmadonna" und stellt fest, dass diese die Fragen offen lassen.
110 BGH GRUR 1990, 390 – Friesenhaus.
111 BGH GRUR 1990, 390, 391 – Friesenhaus.
112 BGH GRUR 1990, 390, 391 – Friesenhaus.
113 BGH GRUR 1990, 390, 391 – Friesenhaus.
114 Der Sachverhalt lag auch in einem neueren Fall zugrunde, in dem eine Stiftung sich gegen kommerzielle Fotografien auf ihrem Parkgelände wehrte und zunächst Recht bekam. Ein Schild "Parkordnung" mit dem Hinweis "Foto-, Film- und Fernsehaufnahmen zu gewerblichen Zwecken bedürfen der vorherigen schriftlichen Zustimmung der Stiftung" war aufgestellt worden. LG Potsdam, Urteil vom 21.11.2008, Az. 1 O 161/08, bemühte jedoch nicht das Vertragsrecht, sondern das Eigentumsrecht. Das OLG Brandenburg stellte auf die Berufung der Beklagten mit Urteil vom 18.2.2010, Az. 5 U 12/09, klar, dass das Abstellen auf das Eigentumsrecht nicht trägt, da das Fotografieren nicht in den Schutz des Eigentums eingreift. Die Frage, ob ein Verstoß gegen die „Parkordnung" zu einem Abwehrrecht führe, ließ das Gericht in diesem Verfahren dahinstehen. Im Parallelverfahren OLG Brandenburg, Urteil vom 18.2.2010, Az. 5 U 14/09 – hier ging es um Filmaufnahmen des Parkgeländes – sprach es der Stiftung ein entsprechendes Abwehrrecht ab, da ihr das Eigentum zu einem gemeinnützigen Zweck unentgeltlich übertragen wurde. Insoweit unterscheide sich der Fall von der Entscheidung „Schloss Tegel".

Im Übrigen ist aber weiter unklar, ob und unter welchen Voraussetzungen das Sacheigentum den Eigentümer berechtigt, die Herstellung und (kommerzielle) Verbreitung von Abbildungen seiner eigenen Sache zu kontrollieren.

Trotz dieser **Grauzone,** die die beiden zitierten Urteile lassen, spricht vieles dagegen, dass die geltende Rechtslage die Zuerkennung eines solchen – absoluten, d.h. gegenüber jedermann wirkenden – Rechts zulässt:

Gegen ein solches Recht des Eigentümers spricht insbesondere das systematische Nebeneinander von Eigentum am Kunstwerk als körperlichem Gegenstand und dem Urheberrecht als Immaterialgut, also dem Recht am geistigen Werk. Sacheigentum und Urheberrecht dürfen nicht miteinander vermengt werden. Das geistige Werk wird alleine durch das Urheberrecht zugunsten des Künstlers geschützt (§§ 1, 2, 7 UrhG). Nach der Veräußerung des Werkoriginals verliert der Künstler das Eigentum an dem Kunstwerk, nicht aber das Urheberrecht. Nach Ablauf der urheberrechtlichen Schutzfrist weist das Konzept der Gemeinfreiheit das geistige Gut der Allgemeinheit zu. Die Gemeinfreiheit eines Werks käme nicht zum Tragen, wenn das geistige Werk aufgrund von Eigentumsrechten nach Ablauf der Schutzfrist nicht frei von jedermann genutzt werden könnte. Aus dem Eigentum an dem Kunstwerk lässt sich deshalb kein wie auch immer geartetes Immaterialgüterrecht ableiten. Es wäre systemwidrig, wenn der Eigentümer, gestützt auf sein Eigentumsrecht, eine Nutzung des Werks dauerhaft verhindern könnte, wenn dies selbst dem Urheber nur im Rahmen der gesetzlichen Schutzfrist (§ 64 UrhG) möglich ist.

247 Aufgrund dieser aus Sicht der Museen nicht ganz befriedigenden Rechtslage sehen diese teilweise **Regelungsbedarf**. Sie fordern einen erweiterten rechtlichen Schutz für öffentliche Sammlungen mit der Zielsetzung, dass die Einrichtungen einerseits der Informationsgesellschaft alle gewünschten Informationen möglichst kostengünstig für nicht kommerzielle Zwecke zur Verfügung stellen können, dass ihnen dafür aber andererseits gesetzliche Vergütungsansprüche bei allen kommerziellen Verwertungshandlungen von Dritten zustehen.[115]

II. Bildauswertung und Vertragsrecht

248 Dem Museum steht es grundsätzlich frei, auf vertragsrechtlichem Wege (z.B. durch allgemeine Benutzungs- und Fotografierbedingungen oder die Benutzungsordnung) seine Besucher aufzufordern, Film- und Fotoaufnahmen zu unterlassen. Die Museen haben es in der Hand, den **Inhalt des Besichtigungsvertrages**, insbesondere in allgemeinen Geschäftsbedingungen oder Benutzungsordnungen, auf die durch Aushang im Eingangsbereich deutlich hingewiesen werden muss, dahingehend festzulegen, dass das Fotografieren von einer ausdrücklichen Erlaubnis abhängig gemacht oder aber gänzlich verboten wird. Eine Zuwiderhandlung stellt dann eine Vertragsverletzung dar und führt zu Ersatzansprüchen. Entzieht sich der Fotograf einem Vertragsschluss und

115 Frentz, Rundbrief Fotografie, Vol. 13, Nr. 3/N.F. 51, September 2006.

betritt er die Museumsräume unbefugt, kann das Museum ggf. Ansprüche aus § 826 BGB (vorsätzliche sittenwidrige Schädigung) herleiten.

III. Bildauswertung und Hausrecht

De facto stützen Museen ein Fotografierverbot häufig allein auf ihr Hausrecht. Ein Rückgriff auf das Hausrecht ist jedoch in der Regel nicht möglich und auch nicht notwendig, soweit ein Fotografierverbot in der Benutzungsordnung geregelt ist. Denn ein absolutes Recht, das es den Museen gestatten würde, konkurrierende Reproduktionen zu untersagen, kann aus dem Hausrecht nicht abgeleitet werden. 249

Zwar ist man sich einig, dass ein öffentlich-rechtliches Hausrecht grundsätzlich anzuerkennen ist. Inhalt, Rechtsnatur und die Rechtsgrundlage des Hausrechts öffentlicher Einrichtungen sind aber nach wie vor umstritten.[116] Fest steht, dass es für die Ausübung des öffentlich-rechtlichen Hausrechts einer Ermächtigungsgrundlage bedarf.[117] Auf welche Ermächtigungsgrundlage öffentliche Einrichtungen hausrechtliche Maßnahmen stützen können, wird hingegen uneinheitlich beurteilt.[118] Ganz abgesehen davon ist fraglich, wie weit das öffentlich-rechtliche Hausrecht inhaltlich wird gehen können. Es kann zum einen denklogisch allenfalls so weit gehen, wie der Nutzer der Einrichtung keinen Anspruch auf Zugang hat.[119] Zum anderen findet das öffentlich-rechtliche Hausrecht seine Grenze im Widmungszweck des Museums.[120] Nur wenn eine Störung des Widmungszwecks vorliegt oder droht, stellt das öffentlich-rechtliche Hausrecht unterschiedliche Abwehrmaßnahmen zur Verfügung. Dies kann z.B. der Fall sein, wenn der Werkgenuss durch Blitzlichtgewitter beeinträchtigt ist und wenn konservatorische Gründe vorliegen. Die Maßnahmen, die aufgrund des Hausrechts ergriffen werden, um die Möglichkeit der Benutzung innerhalb des Widmungszwecks aufrechtzuerhalten, können von einer bloßen Bitte (Weisung) bis zum Hausverbot reichen und müssen im konkreten Einzelfall verhältnismäßig sein.[121] 250

Nötig ist ein Rückgriff auf das Hausrecht nur in den Fällen, in denen ein entsprechendes Fotografierverbot nicht in der Benutzungsordnung geregelt ist. Das Hausrecht kann außerdem bei Verstößen gegen die Benutzungsordnung eine Rolle spielen. In solchen Fällen können aufgrund des Hausrechts möglicherweise Hausverbote verhängt werden. 251

116 Christoph, S. 46.
117 Christoph, S. 93.
118 Es werden die verschiedensten Ansätze vertreten, die von Gewohnheitsrecht über eine Annexkompetenz zur Sachkompetenz bis hin zur öffentlich-rechtlichen Sachherrschaft oder einer Kompetenz "Kraft Natur der Sache" als Rechtsgrundlage reichen. Für eine detaillierte Darstellung siehe Christoph, S. 93 ff.; Bethge, Die Verwaltung 10 (1970), 313 ff.
119 Die herrschende Meinung bejaht bei öffentlichen Einrichtungen einen Anspruch auf Zulassung zur Benutzung innerhalb des Zwecks der Einrichtung. Ein Recht auf Zugang zu öffentlichem Kulturgut verneint hingegen Behnisch-Hollatz.
120 Schmitt, S. 75, 76.
121 Schmitt, S. 76.

IV. Bildauswertung und öffentlich-rechtliche Beschränkungen

252 Kann der Aussteller eines Kunstwerks nach dem oben Gesagten zwar nicht aus dem Eigentumsrecht, wohl aber aus einem etwaigen Vertragsverhältnis das Fotografieren gemeinfreier Werke untersagen, stellt sich die weitere Frage, ob dieser Grundsatz auch für Museen, die sich in öffentlicher Trägerschaft befinden, uneingeschränkt gelten kann. Obwohl der Schwerpunkt dieser Veröffentlichung auf dem Urheberrecht liegt, ist es unabdingbar, das Thema der Bildauswertung in den Kontext des öffentlichen Rechts zu stellen. Viele Museen befinden sich in öffentlich-rechtlicher Trägerschaft. Staatliche Museen sind keine beliebigen Aussteller von Kunstwerken. Sie unterliegen der öffentlich-rechtlichen Aufgabenstellung, beispielsweise als Stiftung des öffentlichen Rechts.

253 Bei der Aufstellung einer Benutzungsordnung ist das Museum an die einfachgesetzlichen Vorgaben[122] und im Übrigen an die Grundrechte gebunden. In Bezug auf das Fotografieren mit dem Ziel der kommerziellen Bildauswertung sind dabei sowohl die grundgesetzlich verankerte Allgemeine Handlungsfreiheit und Informationsfreiheit als auch die Aufgaben und der Widmungszweck öffentlicher Museen zu beachten.[123]

254 Nach der herrschenden Lehre vom modifizierten Privateigentum ist das Eigentum an öffentlichen Sachen, auch wenn eine juristische Person des öffentlichen Rechts Eigentümer ist, grundsätzlich Eigentum im Sinne des BGB, d.h. der Eigentümer kann damit grundsätzlich nach Belieben verfahren.[124] Allerdings lastet auf dem Privateigentum aufgrund der Widmung für einen öffentlichen Zweck eine Art "Dienstbarkeit" des öffentlichen Rechts. Deshalb darf die Benutzungsordnung keine widmungsfremden Zwecke verfolgen.[125]

255 Der Widmungszweck eines Museums ist analog zu seinen Aufgaben zu sehen. Museen sollen Kunstgüter sammeln, bewahren, pflegen, erforschen und der Öffentlichkeit "im museumsüblichen Umfang" zugänglich machen sowie die Auswertung der Bestände für die Wissenschaft und die Volksbildung ermöglichen.[126] Die Kenntnisgabe der Kunstgüter an eine breite, unbestimmte Öffentlichkeit ist Sinn und Zweck staatlicher Museen. Diese Aufgabe wird durch die Öffnung der Museen für Besucher vor Ort, jedenfalls zu einem Teil, erfüllt. Aber auch Internet-Aktivitäten der Museen dürften vom Widmungszweck gedeckt sein.

256 Vor diesem Hintergrund ist ein totales Fotografierverbot in der Beziehung zum privaten Museumsbesucher kritisch. Hingegen wird ein Museum ein Verbot des Fotografierens zu kommerziellen Zwecken oder ein Fotografierverbot, das konservatorisch begründet ist, in seiner Benutzungsordnung vorsehen dürfen.

122 Vgl. beispielsweise § 3 des Gesetzes über Museumsstiftungen des Landes Berlin vom 9.12.1998, GVBl. S. 416.
123 Bullinger, FS Raue, S. 379ff.
124 Pappermann/Löhr/Andriske, S. 17.
125 Mößle, S. 153.
126 Vgl. § 3 Abs. 1 Museumsstiftungsgesetz Berlin.

Das private Fotografieren steht grundsätzlich im Einklang mit dem Widmungszweck. Etwas anderes gilt allerdings dann, wenn gegen das Fotografieren konservatorische Gründe sprechen. Ein Verbot, lichtempfindliche Sammlungsstücke vor dem Fotografieren zu schützen, gehört zur Aufgabe des Museums, die Sammlungsgegenstände zu bewahren. Nicht mehr vom Widmungszweck gedeckt ist wohl auch das Reproduzieren von Kunstwerken zu gewerblichen Zwecken Dritter. Dies entspricht nicht mehr dem Zweck der Einrichtung "Museum". Der Zweck des Museums beinhaltet nur nicht-kommerzielle Nutzungen. Das Fotografieren zu gewerblichen Zwecken ist daher wie jede andere über den Anstaltszweck hinausgehende Nutzung eine sogenannte Sondernutzung von öffentlichen Sachen, die einer besonderen, also nicht schon in der bloßen Zulassung zur Benutzung des Museums als Besucher gegebenen, Erlaubnis bedarf.[127] 257

Auch vor dem Hintergrund der Informationsfreiheit (Art. 5 Abs. 1 GG) und der Allgemeinen Handlungsfreiheit (Art. 2 Abs. 1 GG) ist ein absolutes Fotografierverbot bedenklich. Hingegen ist auch ein Fotografierverbot aus konservatorischen Gründen oder ein Verbot des Fotografierens zum Zweck der kommerziellen Verwertung mit den Grundrechten der Museumsbesucher vereinbar.[128] Jedenfalls ein Genehmigungsvorbehalt steht daher mit dem geltenden Recht in Einklang.[129] 258

Zu beachten ist schließlich, dass eventuell die sog. Sozialbindung des Eigentums einem absoluten Fotografierverbot entgegenstehen kann, wenn der Eigentümer des Bestandes nicht selbst das Interesse der Öffentlichkeit an dem Gegenstand durch Abbildungen etc. befriedigt.[130] 259

Fazit:
Grundsätzlich sollte ein Museum, das die Verwertung von Fotografien der Bestände kontrollieren möchte, in seiner Benutzungsordnung Regelungen zu Foto- und Filmaufnahmen im Museum vorsehen. Bei öffentlichen Museen ist jedoch zu beachten, dass ein Fotografierverbot gegenüber jedermann gegebenenfalls nicht mit dem öffentlichen Recht in Einklang steht und daher differenziert auszugestal-

127 Forsthoff, Band I, S. 418; Götting/Lauber-Rönsberg, S. 76, in Bezug auf Nutzung von nachgelassenen Werken, an denen Bibliotheken ein Leistungsschutzrecht gemäß § 71 UrhG zukommt, durch kommerzielle Nutzer.

128 Forsthoff, S. 418; Götting/Lauber-Rönsberg, S. 76.

129 A.A. jedoch Graf, der vertritt, dass auch die gewerbliche Nutzung von Museumsgut unter den Schutz der Informationsfreiheit falle. Folgt man diesem Ansatz, so müsste dies bei der Ausgestaltung der Benutzungsregelung angemessen berücksichtigt werden, so dass ein Fotografierverbot nur dann Bestand hätte, wenn es auf kollidierendem Urheberrecht beruhte und zum Schutz und Erhalt der Kunstwerke oder zur Wahrung der Haussicherheit und -ordnung erforderlich wäre. Ein generelles Fotografierverbot wäre unverhältnismäßig. Allerdings kann man diesem Ansatz nur folgen, wenn man mit Graf den Zugang zu gemeinfreien Werken als grundrechtlich geschützte individuelle Rechtsposition erachtet und mithin *Begrenzungen für das Fotografierverbot aus der Abwehrfunktion der Grundrechte ableitet.* Es bleibt abzuwarten, ob dieser Argumentationsweg Unterstützung in der Rechtsprechung findet. Graf, Rezension von Pfennig, Digitale Bildverarbeitung und Urheberrecht, Opladen 1998, http://www.vl-museen.de/lit-rez/graf99-1.htm.

130 Siehe zur Frage der Sozialbindung des Eigentums in diesem Kontext auch OLG Brandenburg, Urteil vom 18.2.2010, Az. 5 U 12/09.

ten ist. Ein Fotografierverbot aus konservatorischen Gründen und/oder ein Genehmigungsvorbehalt bei Fotografien zu kommerziellen Zwecken dürften hingegen auch bei öffentlichen Museen unproblematisch sein.

Teil 5: Urheberrecht und Museumspraxis

I. Aspekte bei der Vertragsgestaltung

1. Gründe für den Abschluss von Lizenzverträgen

Für den Abschluss von Lizenzverträgen gibt es vielfältige Gründe. Grundsätzlich gilt, dass mit dem Erwerb des Sacheigentums an einem urheberrechtlich geschützten Gegenstand nicht gleichzeitig ein Erwerb von Urheberrechten an dem Gegenstand stattfindet. Die Urheberrechte bleiben grundsätzlich beim Urheber. 260

Möchte der Eigentümer eines Gegenstandes jedoch urheberrechtlich relevante Nutzungen des Gegenstandes (z.B. Reproduktionen) vornehmen, so bedarf es eines separaten Lizenzvertrags.

Gleiches gilt nicht nur beim Erwerb von Beständen, sondern auch bei der Beauftragung von Arbeiten (durch Arbeitnehmer oder freie Mitarbeiter), deren Ergebnis urheber- oder leistungsschutzrechtlich geschützt ist, z.B. Fotografen, Programmierer, Ausstellungsarchitekten etc. Nur die Rechte, die zur Erreichung des Vertragszwecks unbedingt notwendig sind, erwirbt das Museum automatisch. Über alle anderen Rechte (also z.B. Internetrechte oder Reproduktionsrechte bei Fotos) müssen sich die Parteien explizit einigen.

Eine ausdrückliche schriftliche Rechteeinräumung bietet Rechtssicherheit für beide Parteien. Der Nutzer weiß, auf welche Art er ein bestimmtes Werk verwenden darf. Aber auch für den Urheber ist eine klare Rechteregelung von Vorteil, da auch er so Klarheit hat, über welche Rechte er anderweitig verfügen kann

2. Beim Abschluss von Lizenzverträgen zu beachtende Aspekte

Eines der Grundprinzipien des Urheberrechts ist, dass der Urheber möglichst umfassend an der Verwertung seines Werks zu beteiligen ist (sogenannter Beteiligungsgrundsatz).[131] Dieser Grundgedanke findet Ausdruck in der von der Rechtsprechung entwickelten sogenannten "Zweckübertragungslehre". Die Zweckübertragungslehre gehört zu den grundlegenden Prinzipien des Urhebervertragsrechts und bedeutet, dass der Urheber keine weitergehenden Nutzungsrechte einräumt, als es der Vertragszweck erfordert.[132] Liegt also eine ausdrückliche Vereinbarung über die einzeln zu bezeichnenden Nutzungsarten nicht vor, so bestimmt sich der Umfang des Nutzungsrechts 261

131 BGHZ 313, 8, 12 – Pauschale Rechtseinräumung.
132 Wandtke/Bullinger-*Wandtke/Grunert*, § 31 Rn. 39.

nach dem mit seiner Einräumung verfolgten Zweck.[133] In der Praxis führt dies zu einer Spezifizierungslast des Verwerters, denn dieser muss die von ihm gewünschten Nutzungsarten im Nutzungsvertrag genau bezeichnen. In Verträgen mit Urhebern sollte das Museum also stets genau umschreiben, welche Nutzungen es anstrebt bzw. welche Rechte es sich von dem Urheber einräumen lässt. Dies kann in der Praxis zu recht umfangreichen Rechteklauseln oder Rechteanlagen führen.

II. Checkliste beim Umgang mit Museumsbeständen

262 Folgende Punkte sind beim Umgang mit Museumsbeständen zu beachten, um Urheberrechtsverletzungen vorzubeugen:

1. Kategorisierung in urheber- und leistungsschutzrechtlich geschützte Bestände

263 In einem ersten Schritt ist zu ermitteln, ob dem Bestandsstück Werkqualität zukommt oder ob es leitungsschutzrechtlich geschützt ist. Diese Frage ist vom konkreten Einzelfall abhängig. Bei Fotografien sind die oben genannten Kriterien zur Abgrenzung von Lichtbildwerken und einfache Lichtbildern heranzuziehen. Will man das Risiko einer Urheberrechtsverletzung vermeiden, sollte ein Bestandsstück im Zweifelsfall lieber als Werk eingeordnet werden, mit der Konsequenz der längeren Schutzfrist.

2. Dokumentation der für die Schutzfristenberechnung relevanten Parameter

264 Zur Ermittlung der jeweiligen Schutzfristen kommt es bei Werken auf das Todesdatum des Urhebers an, bei leistungsschutzrechtlich geschützten Gegenständen kommt es häufig auf das Erscheinungsdatum, hilfsweise auf das Erstellungsdatum an. Diese Daten (Lebensdaten des Künstlers, Erscheinungsdaten, Erstellungsdaten) sollte daher grundsätzlich dokumentiert werden – idealerweise bereits beim Erwerb von Beständen.

Sofern diese Daten nicht ermittelt werden können, kann das Bestandsstück nicht ohne Risiko in urheberrechtlich relevanter Weise genutzt werden.[134]

133 OLG München GRUR-RR 2008, 37, 40; OLG Köln NJOZ 2008, 174, 178.

134 Es handelt sich dann um ein sogenanntes "verwaistes Werk". Das Problem von "verwaisten Werken", d.h. von Werken, deren Urheber nicht mehr ermittelt werden kann, wird augenblicklich auf EU-Ebene diskutiert. Die EU-Kommission hat diesbezüglich gesetzgeberischen Handlungsbedarf festgestellt. Im Rahmen des sog. „3. Korbes“ der Urheberrechtsreform wird die Thematik aufgegriffen. Das Bundesjustizministerium hat die betroffenen Kreise zu einer Anhörung am 13. Oktober 2010 eingeladen.

3. Prüfung der einschlägigen Schranken

Sofern es sich um einen urheberrechtlich oder leistungsschutzrechtlich geschützten Bestandsgegenstand handelt, so ist zu prüfen, ob die vom Museum angestrebte Nutzung von den oben genannten Schranken erfasst wird und somit ohne Zustimmung des Urhebers ausnahmsweise zulässig ist. Sicherlich nicht zulässig sind die besonders typischen Nutzungen des Anbietens von Postkarten oder anderen Reproduktionen und die Nutzung im Internet. 265

4. Prüfung der Rechtsposition des Museums in Hinblick auf das Werk

Sofern das Museum über die Schrankenbestimmungen hinausgehende Nutzungen (also z.B. in einem Bildband, als Postkarte, im Internet) anstrebt, so sollte das Museum prüfen, ob es Inhaber von Nutzungsrechten ist. Dies ist dann der Fall, wenn das Museum mit dem Urheber Abreden (Verträge, Briefe, mündliche Abreden) über die Nutzung des Werks getroffen hat. Derartige Abreden sollten aus Beweisgründen grundsätzlich immer schriftlich getroffen werden. 266

Es ist also im Archiv danach zu forschen, ob Korrespondenz vorliegt oder in dem Kaufvertrag/Schenkungsvertrag über den Gegenstand selbst oder in Anlagen/Nachträgen hierzu Bestimmungen über die Nutzungsrechte an dem Sammlungsgegenstand getroffen wurden.

Ist dies der Fall, so ist die entsprechende vertragliche Grundlage auszulegen, um Klarheit über den Umfang der Rechteeinräumung zu bekommen. Aufgrund der von der Rechtsprechung entwickelten sogenannten "Zweckübertragungslehre" sind Vereinbarungen über Nutzungsrechte grundsätzlich eng auszulegen. Nur die Rechte, die zur Erreichung des Vertragszwecks unbedingt notwendig sind, erhält der Lizenz*geber*, alle anderen Rechte verbleiben beim Urheber.

5. Nacherwerb von Nutzungsrechten

Wurden im Zusammenhang mit dem Ankauf eines Bestandes keine Vereinbarungen über die Rechte getroffen, so besteht immer noch die Möglichkeit, dass im Laufe der Zeit Rechte nacherworben wurden. Ist dies nicht der Fall, so muss ein Rechtenacherwerb erfolgen, damit eine urheberrechtlich relevante Nutzung des jeweiligen Bestands möglich ist. Hierzu ist der Rechteinhaber zu kontaktieren. Die Reproduktions- und Internetrechte vieler Künstler werden von der Verwertungsgesellschaft VG Bild-Kunst verwaltet. Die Rechte können dann über die VG Bild-Kunst geklärt werden. 267

6. Klärung etwaiger Persönlichkeitsrechte

268 Sofern auf einem Bestandsstück Personen abgebildet sind, sind die abgebildeten Personen nach den oben dargestellten Grundsätzen um Erlaubnis zu bitten.

7. Freistellungsklausel bei der Nutzung durch Dritte

269 Wichtig ist für das Museum auch eine Absicherung in den Fällen, in denen es nicht selbst die Bestandsstücke nutzen möchte, sondern Dritten, z.B. Verlagen, Filmproduktionsgesellschaften oder Werbeagenturen, Material zur Verfügung stellt. Da häufig die Klärung der Rechte nach den oben genannten Grundsätzen zu aufwendig oder gar unmöglich sein wird, sollte das Museum in allen Fällen, in denen es nicht selbst Rechteinhaber ist klarstellen, dass es dem Verwender der Reproduktion obliegt, etwaige Rechte zu klären.

Eine solche einfache Haftungsfreistellung könnte beispielsweise wie folgt formuliert werden:

"Eine Rechteklärung hat das Museum nicht vorgenommen. Es obliegt dem Vertragspartner, die Urheberrechte an der vom Museum bereitgestellten Abbildung zu klären. Der Vertragspartner stellt das Museum von Ansprüchen Dritter daher ausdrücklich frei."

III. Checkliste bei der Akquisition von Beständen

270 Folgende Punkte sind beim Umgang mit Neuerwerbungen (insbesondere bei Neuerwerbungen aus Archiven, Nachlässen etc.) zu beachten, um Urheberrechtsverletzungen vorzubeugen:

1. Kategorisierung in urheber- und leistungsschutzrechtlich geschützte Bestände

siehe oben (Ziff. II. 1.)

2. Prüfung, ob die Schutzfrist abgelaufen ist

siehe oben (Ziff. II. 2.)

3. *Weitere Schritte bei Ankauf, sofern es sich um noch urheberrechtlich geschütztes Material handelt*

Sofern es sich um urheber- oder leistungsschutzrechtlich noch geschütztes Material handelt, sollte das Museum die Rechte für die Nutzung der Bestände einholen. Dabei sollte sich das Museum sorgfältig überlegen, welche Art von Nutzung aktuell oder künftig erfolgen soll. Dies sollte dann so genau wie möglich in den Vertragstext Eingang finden. 271

Eine entsprechende Klausel oder Anlage zum Kauf-, Schenkungs- oder Leihvertrag könnte beispielsweise wie folgt formuliert werden: 272

(1) Der Urheber räumt dem Museum an den übereigneten Werken ein zeitlich und örtlich unbegrenztes einfaches Nutzungsrecht ein. Dies bedeutet, dass das Museum zur Nutzung *der Fotografien neben dem Fotografen berechtigt ist. Dem Fotografen steht es frei, Dritten ebenfalls einfache Nutzungsrechte einzuräumen.*

(2) Die Nutzungsrechtseinräumung umfasst das Vervielfältigungsrecht, das Verbreitungsrecht und das Ausstellungsrecht (körperliche Verwertungsrechte), das Aufführungs- und Vorführungsrecht, das Recht der öffentlichen Zugänglichmachung (insbesondere im Internet), das Senderecht, das Recht zur Wiedergabe auf Bild- und Tonträgern und das Recht der Wiedergabe von Funksendungen und von öffentlicher Zugänglichmachung (unkörperliche Verwertungsrechte).

(3) Insbesondere ist das Museum berechtigt, folgende Nutzungen vorzunehmen:

- *Die Präsentation der Werke im Rahmen von Ausstellungen und Veranstaltungen in digitaler oder analoger Form;*
- *Die Verwendung der Werke im Rahmen von Druckwerken (z.B. Kataloge, Plakaten, sonstigen Veröffentlichungen wie Postkarten oder Bildbände);*
- *Die Verwendung der Werke innerhalb des Internetauftritts des Museums;*
- *Die Archivierung in jeder Form (auch innerhalb einer elektronischen Datenbank zusammen mit anderen Fotografien und Texten), insbesondere auch die digitalisierte Speicherung auf allen bekannten und noch bekannt werdenden Speichermedien oder Datenträgern, und die Vervielfältigung, Verbreitung und öffentliche Zugänglichmachung der auf diesen Datenträgern gespeicherten Fotografien sowie die Übertragung auf stationäre oder mobile Medien im Wege der Datenfernübertragung (z.B. On Demand, mit oder ohne Download), die auch den Ausdruck von Papierkopien durch die jeweiligen Endnutzer ermöglicht.*

(4) Das Museum kann die nach diesem Vertrag eingeräumten Nutzungsrechte ganz oder teilweise an Dritte übertragen, ohne dass es hierzu der Zustimmung des Urhebers bedarf.

273 Die vorstehende Klausel geht davon aus, dass das Museum nur ein einfaches Nutzungsrecht erwirbt und der Rechteinhaber daneben auch an Dritte beliebig lizenzieren kann. Dies wird in der Regel einfacher verhandelbar sein. Soweit dies im Einzelfall in Betracht kommt, ist es für das Museum natürlich vorteilhafter, sich von Anfang an die ausschließlichen Nutzungsrechte einräumen zu lassen.

IV. Rechtsfolgen bei Urheberrechtsverletzungen

274 Die Rechtsfolgen bei einer Verletzung des Urheberrechts sind in den §§ 97 ff. UrhG geregelt; ergänzend sind die Bestimmungen des allgemeinen Zivilrechts, insbesondere das Schadensersatz- und das Bereicherungsrecht, anwendbar.

Die wichtigste urheberrechtliche Anspruchsgrundlage ist § 97 UrhG, der den **Unterlassungsanspruch** und den Anspruch auf **Schadensersatz** regelt. Darüber hinaus gibt das Urheberrechtsgesetz den Rechteinhabern unter anderem **Vernichtungs- und Herausgabeansprüche** sowie Ansprüche auf **Auskunft.**

1. Unterlassungsanspruch (§ 97 Abs. 1 UrhG)

275 Erforderlich, aber auch ausreichend für den Unterlassungsanspruch ist die widerrechtliche Verletzung eines fremden Urheber- oder Leistungsschutzrechts. **Verletzungshandlungen** sind alle Eingriffe in ein durch das Urheberrecht oder die Leistungsschutzrechte geschütztes Verwertungs- oder Persönlichkeitsrecht. Der Unterlassungsanspruch ist **verschuldensunabhängig**. Tatbestandsmäßig ist deshalb jeder Eingriff in ein durch das Urheberrecht geschütztes Recht, der nicht auf der Grundlage eines vertraglich erworbenen Nutzungsrechts erfolgt und nicht durch eine Ausnahmeregelung der "Schranken" des Urheberrechts[135] privilegiert ist. Der Verletzer muss nicht vorsätzlich oder fahrlässig gehandelt haben; es kommt nicht einmal darauf an, ob sich der Verletzer der Rechtswidrigkeit seines Handelns bewusst ist oder irrig annimmt, er habe rechtmäßig gehandelt.[136] Einen **"gutgläubigen Erwerb"** von Rechten kennt das Urheberrecht nicht.

276 Die **unberechtigte Unterlizenzierung** eines Nutzungsrechts stellt für sich genommen noch keine Verletzung des Urheberrechts dar.[137] Sobald der vermeintliche Lizenznehmer das Werk nutzt, kommt jedoch eine Mithaftung aufgrund der unberechtigten Unterlizenzierung unter dem Gesichtspunkt der Veranlassung der unzulässigen Nutzung in Betracht.[138]

277 Die für den Unterlassungsanspruch erforderliche **Wiederholungsgefahr** ist durch die bereits eingetretenen Urheberrechtsverletzungen indiziert, so dass eine tatsächliche

135 Zum Begriff siehe Wandtke/Bullinger-*Lüft*, vor § 44 a ff; Rn. 1 ff.
136 BGH GRUR 1998, 568, 569 – Beatles-Doppel-CD.
137 BGH GRUR 1999, 152, 154 – Spielbankaffaire; Dreier/Schulze-*Dreier*, § 97 Rn. 27.
138 BGH GRUR 1987, 37, 39 – Videolizenzvertrag.

Vermutung für ihr Fortbestehen streitet,[139] es sei denn der Verletzer hat dem Rechteinhaber gegenüber eine strafbewehrte Unterlassungserklärung abgegeben.

Der Unterlassungsanspruch ist darauf gerichtet, dass eine bereits eingetretene Rechtsverletzung in Zukunft nicht wiederholt wird oder, wenn sie noch andauert, mit Wirkung für die Zukunft beendet wird. Auch im Urheberrecht ist jedoch der von der Rechtsprechung entwickelte **vorbeugende Unterlassungsanspruch** anerkannt.[140] Voraussetzung für einen solchen Anspruch ist eine konkret drohende Erstbegehungsgefahr.[141]

Fazit:

- *Jede unberechtigte Nutzung eines urheberrechtlich geschützten Werkes begründet einen Unterlassungsanspruch des Urhebers.*
- *Der gute Glaube an eine vermeintlich wirksam erworbene Lizenz beseitigt die Rechtswidrigkeit nicht.*

2. *Schadensersatzanspruch*

Soweit die Rechtsverletzung zugleich auch schuldhaft, das heißt vorsätzlich oder zumindest fahrlässig (§ 276 BGB), begangen worden ist, hat der Verletzte neben dem Unterlassungsanspruch gemäß § 97 Abs. 2 UrhG auch einen Anspruch auf Schadensersatz. 278

Im Urheberrecht gilt eine strenge Prüfungspflicht, ob eine beabsichtigte Werknutzung womöglich Rechte Dritter berührt.[142] Das **Verschulden** wird deshalb grundsätzlich nicht bereits dadurch ausgeschlossen, dass der Verletzer meint, seine Handlung sei rechtmäßig. Auch ein solcher Rechtsirrtum schützt nicht vor einer Haftung für die durch die Rechtsverletzung entstandenen Schäden. Das gilt insbesondere dann, wenn die betreffende Nutzungshandlung sich erkennbar im Grenzbereich des rechtlich Zulässigen bewegt. Hier muss der Verletzer stets eine von der eigenen Einschätzung abweichende rechtliche Beurteilung in Betracht ziehen.[143] Wer das Risiko eingeht, trotz einer unklaren Rechtslage eine geschäftliche Tätigkeit aufzunehmen, handelt zumindest fahrlässig.[144]

139 St. Rspr. vgl. BGH GRUR 1955, 97 – Constanze II; Dreier/Schulze-*Dreier*, § 97 Rn. 41.

140 Vgl. § 97 Abs. 1 S. 2 UrhG; Wandtke/Bullinger-*v. Wolff*, § 97 Rn. 41.

141 BGH GRUR 1955, 97 – Constanze II; Dreier/Schulze-*Dreier*, § 97 Rn. 43.

142 BGH GRUR 1998, 568 – Beatles-Doppel-CD; BGH GRUR 1999, 49, 51 – Bruce Springsteen and his Band.

143 BGH GRUR 2000, 699, 702 – Kabelweitersendung.

144 Dreier/Schulze-*Dreier*, § 97 Rn. 57.

a) Materieller Schadensersatz

279 Die Rechtsprechung hat für die Berechnung der Höhe des urheberrechtlichen Schadensersatzes drei unterschiedliche **Berechnungsmethoden** entwickelt, die inzwischen auch ausdrücklich gesetzlich geregelt worden sind. Danach hat der Verletzte drei Möglichkeiten Schadensersatz zu verlangen. Anstelle eines Ersatzes des konkreten eigenen Schadens nach den allgemeinen Bestimmungen der §§ 249 ff. BGB, insbesondere des **entgangenen Gewinns** i.S.v. § 252 BGB, kann der Verletzte danach auch die Herausgabe des sogenannten **Verletzergewinns** verlangen, also des Gewinns, den der Verletzer durch die Rechtsverletzung erzielt hat (§ 97 Abs. 2 S. 2 UrhG). Alternativ kann der Verletzte auch die angemessene Vergütung fordern, die der Verletzer hätte entrichten müssen, wenn er zuvor die Erlaubnis zur Nutzung von Verletzten rechtens eingeholt hätte (§ 97 Abs. 2 S. 3 UrhG). Diese sogenannte **"Lizenzanalogie"** ist der häufigste Berechnungsansatz, weil die Ermittlung des konkreten Schadens und des sogenannten Verletzergewinns oftmals sehr aufwendig ist. Für den Verletzten ist es deshalb einfacher, die angemessene Lizenzvergütung zu fordern.

280 Die Lizenzgebühr, die der Verletzte nach § 97 Abs. 1 S. 3 UrhG im Wege der Lizenzanalogie zugesprochen bekommt, stellt das angemessene Entgelt aufgrund eines fingierten Lizenzvertrags für eine Nutzungsmöglichkeit dar.[145] Angemessen ist das, was verständige Vertragspartner für die konkrete Nutzung **üblicherweise** vereinbart hätten. Dabei können etablierte Vergütungssätze vom Gericht als Maßstab herangezogen werden. Ein Beispiel hierfür sind für die Nutzung von Lichtbildern die Vergütungstabellen der Mittelstandsgemeinschaft Foto-Marketing, sogenannte **MFM-Tabellen.**[146] Die Festlegung der angemessenen Vergütung erfolgt durch das Gericht im Wege der Schätzung gemäß § 287 ZPO.[147] In der Konsequenz bedeutet dies, dass das Gericht an etwaige Tarif- oder Vergütungssätze nicht gebunden ist und davon abweichen kann, wenn die Parteien beweisen, dass im konkreten Fall ein anderer Vergütungssatz angemessen ist.

Der Verletzte kann wählen, welche Berechnungsmethode er anwenden möchte.

145 BGH GRUR 1993, 899, 900 – Dia-Duplikate.

146 Bildhonorare der Mittelstandgemeinschaft Foto Marketing (MFM).
Die Bildhonorare listen die marktüblichen Honorare für Fotos u.a. in Büchern, Zeitungen und Zeitschriften auf (vgl. ZUM 1998, 695). Sie werden von den in der MFM vertretenen Bildagenturen und Fotografen bzw. deren Organisationen ermittelt. Die Gerichte haben die Angemessenheit der einzelnen Vergütungen mehrfach bestätigt (OLG Düsseldorf ZUM 1998, 668, 672; OLG Celle CR 1997, 735; LG München I ZUM 2000, 519; LG Berlin GRUR-RR 2003, 97, 98 – MFM-Empfehlungen, aber aufgehoben und zurückverwiesen von BGH GRUR 2006, 136, 138 – Pressefotos). Sie sind aber einseitig ohne Mitwirkung einer Vereinigung der Werknutzer ermittelt, so dass sie keine Vorrangstellung haben, sondern im Rahmen von § 32 Abs. 2 S. 2 UrhG zu berücksichtigen sind. Ggf. muss durch Sachverständigenbeweis geklärt werden, was angemessen ist (vgl. BGH, GRUR 2006, 136, 138 – Pressefotos).

147 OLG Frankfurt a.M. ZUM 2004, 924, 926.

b) *Immaterieller Schadensersatz*

Das Zivilrecht erkennt einen Anspruch auf den Ausgleich immaterieller Schäden (**Schmerzensgeld**) nur in ausdrücklich geregelten Ausnahmefällen an (§ 253 Abs. 1 BGB). Einen solchen gewährt das Urheberrecht in § 97 Abs. 2 S. 4 UrhG in Bezug auf die Verletzung des Urheberpersönlichkeitsrechts. Der Grund und die Höhe des immateriellen Schadensersatzanspruchs ist ausschließlich unter Billigkeitsgesichtspunkten zu ermitteln und zwar durch freie Schätzung des Gerichts.[148] 281

In Bezug auf die **unterlassene Namensnennung** (§ 13 UrhG) erkennt die Rechtsprechung einen **"Verletzerzuschlag"** bei der rechtswidrigen Nutzung von Fotos ohne Urheberbezeichnung an.[149] Einen allgemeinen doppelten Schadensersatz kennt das Urheberrecht dagegen nicht. Einen Sonderfall bildet der sogenannte **Kontrollzuschlag**, den die Rechtsprechung der **GEMA** in Bezug auf bestimmte Rechtsverletzungen zuerkannt hat. Der Sache nach handelt es sich hierbei jedoch nicht um einen Strafschadensersatz, sondern um eine Pauschalierung, um den Aufwand auszugleichen, den die GEMA zur Aufrechterhaltung ihres aufwendigen Kontrollapparates hat.[150] 282

c) *Auskunftsanspruch*

In Ergänzung zum Schadensersatzanspruch hat der verletzte *Kläger* zugleich auch einen Anspruch auf Auskunft und **Rechnungslegung**. Dieser allgemein und gewohnheitsrechtlich anerkannte Anspruch folgt aus § 242 BGB in Verbindung mit §§ 259, 260 BGB.[151] Der Verletze muss dem Verletzten zur Erfüllung dieses Anspruchs sämtliche Informationen geben, die der Verletzte für eine Schadensberechnung benötigt.[152] 283

3. *Beseitigungsanspruch und Rückrufsanspruch*

Dem Schadensersatzanspruch ähnlich ist der in § 97 Abs. 1 S. 1 UrhG geregelte Beseitigungsanspruch. Er ist jedoch nicht auf den Ausgleich für den entstandenen Schaden gerichtet, sondern er hat die Beseitigung einer **fortdauernden Rechtsverletzung** zum Gegenstand. Ein Beispiel hierfür ist die Beseitigung einer Werkentstellung.[153] Der Beseitigungsanspruch ist wie der Unterlassungsanspruch **verschuldens-** 284

148 Fromm/Nordemann-*Jan Bernd Nordemann*, § 97 Rn. 124.
149 LG München GRUR-RR 2009, 92 (nicht rechtskräftig); OLG Düsseldorf GRUR-RR 2006, 393 – Informationsbroschüre; LG Hamburg ZUM 2004, 675, 679.
150 BGH GRUR 1973, 379 – Doppelte Tarifgebühr; Dreier/Schulze-*Dreier*, § 97 Rn. 71.
151 BGH GRUR 1980, 227, 232 – Monumenta Germaniae Historica; Dreier/Schulze-*Dreier*, § 97 Rn. 78.
152 Dreier/Schulze-*Dreier*, § 97 Rn. 79 ff.
153 BGH ZUM 1999, 146, 147 – Treppenhausgestaltung.

unabhängig, im Gegensatz zum Unterlassungsanspruch setzt er aber **keine** Wiederholungsgefahr voraus.

285 Einen Sonderfall des Beseitigungsanspruchs stellt der **Rückrufsanspruch** gemäß § 98 Abs. 2 UrhG dar. Der Rechteinhaber kann danach vom Verletzer den Rückruf von rechtswidrig hergestellten, verbreiteten oder zur rechtswidrigen Verbreitung bestimmten Vervielfältigungsstücke bzw. deren Entfernung aus dem Vertriebsweg verlangen. Voraussetzung für diesen Anspruch ist, dass sich die Gegenstände noch in der Verfügungsgewalt des Verletzers befinden.[154] Der Gesetzgeber hat diese Einschränkung nicht ausdrücklich geregelt, sie ergibt sich aber aus den allgemeinen schuldrechtlichen Grundsätzen, wonach unmögliche Leistungen nicht verlangt werden können (§ 275 BGB).[155]

4. Vernichtungsanspruch

286 Gemäß § 98 Abs. 1 UrhG kann der Verletzte neben Unterlassung und Schadensersatz auch die Herausgabe der rechtswidrig hergestellten, verbreiteten oder zur rechtswidrigen Verbreitung bestimmten Gegenstände (z.B. nicht lizenzierte DVDs oder Bücher) an einen **Gerichtsvollzieher** zum Zwecke der Vernichtung verlangen. Im einstweiligen Verfügungsverfahren kann dieser Anspruch im Wege der Verwahrung durch einen Gerichtsvollzieher gesichert werden.[156]

5. Auskunftsanspruch

287 Wer in gewerblichem Ausmaß fremde Urheber- oder Leistungsschutzrechte verletzt, kann vom Verletzten gemäß § 101 UrhG schließlich auch auf Auskunft über die Herkunft und den Vertriebsweg von rechtsverletzenden Vervielfältigungsstücken in Anspruch genommen werden. Für die Frage, ob die Urheberrechtsverletzung gewerbliches Ausmaß hat, ist sowohl die Art der Rechtsverletzung als auch deren Schwere maßgeblich (§ 101 Abs. 1 S. 2 UrhG).

288 Insbesondere bei Rechtsverletzungen im Internet ist dem Verletzten regelmäßig die Identität des Verletzers nicht bekannt. Um also überhaupt Ansprüche geltend machen zu können, muss er zunächst ermitteln, wer die rechtswidrige Handlung begangen hat. Da Internetnutzern in der Regel nur vorübergehende sogenannte "dynamische IP-Adressen" zugeordnet werden, kann über die Identität des Rechtsverletzers nur der jeweilige Internet-Service-Provider (ISP) Auskunft geben. Das Urheberrechtsgesetz gewährt u.a. für solche Fälle einen **Auskunftsanspruch gegen Dritte**. Kann die Auskunft nur unter Verwendung sogenannter Verkehrsdaten i.S.v. § 3 Nr. 30 Telekommunikationsgesetz erteilt werden, ist sie nur auf der Grundlage eines richterlichen Be-

154 BGH GRUR 1974, 666, 669 – Reparaturversicherung.
155 Vgl. BT-Drucks. 16/5048, S. 62.
156 Wandtke/Bullinger-*Bohne*, § 98 Rn. 8.

schlusses zulässig (sogenannter Richtervorbehalt). Das betrifft vor allem Auskünfte über Rechtsverletzer im Internet.

6. Sonstige Ersatzansprüche

Neben den besonderen urheberrechtlichen Ansprüchen können im Verletzungsfall 289
auch die Voraussetzungen der **allgemeinen zivilrechtlichen** Ansprüche gegeben sein. Aufgrund des umfangreichen Anspruchssystems des Urheberrechtsgesetzes, spielen diese Ansprüche in der Regel eine untergeordnete Rolle. Von praktischer Bedeutung ist vor allem der bereicherungsrechtliche Herausgabeanspruch gemäß §§ 812 ff. BGB, denn dieser Anspruch ist verschuldensunabhängig und er unterliegt gemäß § 852 BGB der längeren Verjährungsfrist von 10 Jahren. Der Anspruch auf Herausgabe des durch die **ungerechtfertigte Bereicherung** Erlangten ist regelmäßig ebenfalls auf die nach der Lizenzanalogie zu ermittelnde übliche Vergütung gerichtet. Er ist für den Verletzten dann interessant, wenn dieser dem Verletzer weder Vorsatz noch Fahrlässigkeit nachweisen kann oder die urheberrechtlichen Ansprüche bereits verjährt sind.

Der Verletzte hat gegen den Verletzer gemäß § 101 a UrhG schließlich einen Anspruch auf **Vorlage und Besichtigung** von Gegenständen, wenn eine Rechtsverletzung mit hinreichender Wahrscheinlichkeit vorliegt.

7. Aktivlegitimation

Ist eine Person aktivlegitimiert bedeutet dies, dass sie ein bestimmtes Recht gerichtlich 290
geltend machen kann. Zur Geltendmachung von Ansprüchen wegen der Verletzung des Urheberrechts ist neben dem Urheber oder dem Leistungsschutzberechtigten bzw. deren Rechtsnachfolgern nur der **Inhaber ausschließlicher Nutzungsrechte** befugt. Inhaber nicht-exklusiver, einfacher Nutzungsrechte sind zur Geltendmachung dieser Ansprüche nicht aktivlegitimiert. Wenn der Urheber einem Dritten ausschließliche Nutzungsrechte eingeräumt hat, bleibt er neben dem Inhaber dieser Rechte aktivlegitimiert und zwar auch in Bezug auf die dem Dritten eingeräumten ausschließlichen Nutzungsrechte, soweit der Urheber an der Rechtsverfolgung ein eigenes schutzwürdiges Interesse hat.[157]

Bei **Miturhebern** richtet sich die Aktivlegitimation nach § 8 Abs. 2 S. 3 UrhG. Da- 291
nach kann jeder Miturheber alleine und ohne Einwilligung der übrigen Miturheber die Rechte der gesamten Miturhebergemeinschaft geltend machen. In Bezug auf den ideellen Anteil der anderen Miturheber handelt er dann im Wege der **gesetzlichen Prozessstandschaft**; er kann Leistung gemäß § 8 Abs. 2 S. 3 UrhG nur einheitlich an alle Miturheber verlangen.

157 BGH GRUR 1999, 984, 985 – Laras Tochter.

292 Das Museum, das zivilrechtlich gegen eine rechtswidrige Nutzung von urheberrechtlich geschütztem Material aus den eigenen Beständen vorgehen möchte, muss deshalb zuvor klären, ob es an diesem Material bezogen auf die fragliche Nutzung exklusive Rechte hat. Ist dies nicht der Fall sollte die Einrichtung den Inhaber dieser Rechte, der womöglich auch der Lizenzgeber des Museums ist, informieren, damit dieser gegen den Verletzer in Anspruch nehmen kann.

293 Hat das Museum an einem Werk nur ein einfaches Nutzungsrecht, kann es im Wege der sogenannten **gewillkürten Prozessstandschaft** gegen den Rechtsverletzer vorgehen. Voraussetzung hierfür ist, dass der Urheber oder der Inhaber des dem einfachen Nutzungsrecht zugrundeliegenden ausschließlichen Nutzungsrechts zugestimmt hat und dass das Museum ein berechtigtes Interesse an der eigenen Rechtsverfolgung hat. Ein solches Interesse hat die Rechtsprechung anerkannt, wenn das einfache Nutzungsrecht verletzt ist.[158]

294 Im Prozess muss der Anspruchssteller seine Aktivlegitimation nachweisen, wenn diese vom Beklagten bestritten wird. Für den Inhaber abgeleiteter Rechte, der nicht Urheber des Werks ist, kann *dieser Nachweis* sehr aufwendig sein, weil die gesamte Rechtekette lückenlos nachgewiesen werden muss.

295 Für den in der Praxis wichtigsten Unterlassungsanspruch und für das einstweilige Verfügungsverfahren hat der Gesetzgeber hier inzwischen eine Vereinfachung geschaffen. Gemäß § 10 Abs. 3 UrhG gilt als Inhaber eines ausschließlichen Nutzungsrechts bis zum Beweis des Gegenteils derjenige, der auf dem Vervielfältigungsstück oder dem Werkoriginal in der üblichen Weise als Inhaber eines solchen ausschließlichen Nutzungsrechts bezeichnet ist. Was eine übliche Bezeichnung ist, wird in Bezug auf das jeweilige Werk anhand der Branchenübung zu ermitteln sein. In der Regel ist aber davon auszugehen, dass P-Vermerk und ©-Vermerk auf den Rechteinhaber hinweisen.[159] Diese Vermutungsregelung bewirkt eine Beweislastumkehr zugunsten des Anspruchsinhabers. Für Schadensersatzansprüche gilt diese Vermutungsregelung nicht. Hier muss die Aktivlegitimation nach wie vor durch den Kläger vollständig dargelegt und bewiesen werden.

8. Passivlegitimation

296 Passivlegitimiert ist die Zuständigkeit einer Person für einen Rechtsanspruch. Die Passivlegitimation berührt also die Frage, wer wegen einer Urheberrechtsverletzung im Streitfall verklagt werden kann. Passivlegitimiert sind in Urheberrechtssachen nach den allgemeinen Grundsätzen alle, die fremde Urheberrechte als **Täter** oder als Teil-

158 BGH GRUR 1981, 652 – Stühle und Tische; Dreier/Schulze-*Schulze*, § 31 Rn. 50 ff.

159 Das eingekreiste "P" signalisiert zusammen mit dem nachfolgenden Jahr der ersten Veröffentlichung die Inanspruchnahme der Herstellungsrechte eines Tonträgers seitens des ebenfalls aufgeführten Rechteinhabers. Dieser Vermerk ist in Deutschland und den übrigen EU-Staaten nicht schutzbegründend, also nicht zwingend erforderlich. Gleiches gilt für das eingekreiste "C", das auf den Urheber bzw. Rechteinhaber hinweist.

nehmer verletzen. Zusätzlich kann eine Mitverantwortlichkeit für Rechtsverletzungen Dritter unter dem Gesichtspunkt der **Störerhaftung** begründet sein.

Störer ist, wer zu der Rechtsverletzung eines Dritten willentlich und kausal beiträgt. 297
Um diese Haftung für fremde rechtswidrige Handlungen nicht zu überdehnen, setzt die Rechtsprechung für eine Störerhaftung die Verletzung eigener **Prüfpflichten** voraus.[160] Solche Prüfpflichten bestehen insbesondere dann nicht, wenn eine Prüfung nach den Umständen nicht zumutbar ist. Von zunehmender praktischer Bedeutung ist die Frage der Störerhaftung in Bezug auf Rechtsverletzungen im **Internet**. Umstritten ist hier vor allem die Mitverantwortung von Plattformen für Online-Auktionen, Plattformen auf denen Dritte sogenannte "user generated content" (Videos, Musik usw.) im Internet zugänglich machen können oder auch sogenannte "Sharehostern". Die Verantwortlichkeit der Dienstanbieter für über ihre Dienste verbreitete fremde Inhalte ergibt sich zunächst aus dem TMG, das die **Verantwortlichkeit von Providern** regelt. Gemäß § 10 TMG ist der Provider für fremde Informationen, die er für einen Nutzer speichert, nicht verantwortlich, sofern er keine Kenntnis von deren Rechtswidrigkeit hat und ihm im Falle von Schadensersatzansprüchen auch keine Tatsachen oder Umstände bekannt sind, aus denen die rechtswidrige Handlung oder Information offensichtlich wird, oder er unverzüglich tätig geworden ist, um die Information zu entfernen oder den Zugang zu ihr zu sperren, sobald er von ihr Kenntnis erlangt hat ("notice and take down"). Der BGH wendet diese **Haftungsprivilegierung** für fremde Inhalte jedoch nicht auf Unterlassungsansprüche an.[161]

9. Prozessuale Fragen

a) Abmahnung

Um zu verhindern, dass der Verletzer bei Klageerhebung die geltend gemachten Un- 298
terlassungsansprüche sofort anerkennt und der Kläger deshalb die Kosten des Rechtsstreits tragen muss, aber auch, um eine zügige außergerichtliche Einigung zu erreichen, sollten Unterlassungsansprüche vor Klageerhebung stets im Wege der Abmahnung geltend gemacht werden. Mit der Abmahnung weist der Rechteinhaber den Verletzer auf die Rechtsverletzung hin und fordert ihn unter Fristsetzung zur **Abgabe einer strafbewehrten Unterlassungserklärung** auf. Gibt der Verletzer diese Erklärung, mit der er sich verpflichtet, die Rechtsverletzung künftig zu unterlassen ab und akzeptiert er eine angemessene Vertragsstrafe für den Fall des Verstoßes gegen diese Verpflichtung, ist die Sache außergerichtlich erledigt. Die Regelung einer Vertragsstrafe ist dabei zwingend, denn nur eine solche strafbewehrte Unterlassungserklärung beseitigt die Wiederholungsgefahr.

160 BGH GRUR 2001, 529, 531 – Herz-Kreislauf-Studie; BGH GRUR 1999 418, 419 – Möbelklassiker.
161 BGH GRUR 2007, 708, 710 – Internet-Versteigerung II.

299 Auch im Urheberrecht ist die vorprozessuale Abmahnung seit langem üblich. Inzwischen ist das Gebot der vorherigen Abmahnung in § 97 a UrhG ausdrücklich gesetzlich geregelt. Nach § 97 a Abs. 1 S. 2 UrhG hat der Rechteinhaber im Falle der berechtigten Abmahnung gegen den Abgemahnten außerdem ausdrücklich einen Anspruch auf **Ersatz der erforderlichen Aufwendungen**. Diese Aufwendungen umfassen insbesondere die Kosten für die Einschaltung eines Rechtsanwalts.

300 Bei einfach gelagerten Fällen mit einer nur unerheblichen Rechtsverletzung außerhalb des geschäftlichen Verkehrs ist der Anspruch auf Aufwendungsersatz für die erste Abmahnung gemäß § 97 a Abs. 2 UrhG auf EUR 100,00 begrenzt. Mit dieser umstrittenen **Deckelung** wollte der Gesetzgeber Privatpersonen bei geringfügigen Urheberrechtsverletzungen im Sinne einer Bagatellgrenze vor übermäßigen Kostenbelastungen bewahren. Geringfügige Rechtsverstöße sollen z.B. die öffentliche Zugänglichmachung eines Stadtplanausschnitts oder eines Fotos auf einer privaten Website sein.[162] § 97 a Abs. 2 UrhG kann deshalb auch einschlägig sein, wenn eine Privatperson rechtswidrig ein Foto von der Website eines Museums für die eigene Homepage verwendet.

b) Verjährung

301 Gemäß § 102 UrhG richtet sich die Verjährung von Ansprüchen wegen einer Verletzung des Urheberrechts nach den allgemeinen zivilrechtlichen Verjährungsvorschriften (§§ 194 ff. BGB); die regelmäßige Verjährungsfrist beträgt danach also auch im Urheberrecht drei Jahre (§ 195 UrhG) und beginnt grundsätzlich am Ende des Jahres, in dem der Anspruch entstanden ist und der Gläubiger von den anspruchsbegründenden Umständen Kenntnis erlangt hat (§ 199 Abs. 1 BGB). Unabhängig von der Kenntnis verjähren Ansprüche grundsätzlich innerhalb von zehn Jahren ab ihrer Entstehung (§ 199 Abs. 3 und Abs. 4 BGB). Auf Bereicherungsansprüche aufgrund einer Urheberrechtsverletzung findet § 852 BGB Anwendung. Der in dieser Vorschrift geregelte deliktische Bereicherungsanspruch verjährt zehn Jahre nach Kenntnis bzw. unabhängig von der Kenntnis nach 30 Jahren. Dem Umfang nach ist dieser deliktische Bereicherungsanspruch auf die Herausgabe des Erlangten gerichtet, was in diesem Fall die ersparten Aufwendungen sind. Es kommt wiederum die Lizenzanalogie zum Tragen.

c) Feststellungsklage

302 Der Verletzte kann den genauen Umfang des ihm durch die Urheberrechtsverletzung entstandenen (materiellen) Schadens bei Klageerhebung oftmals noch nicht genau beziffern, weil er noch nicht überblicken kann, in welchem Umfang der Verletzer die rechtsverletzenden Handlungen begangen hat. Aus diesem Grund kann die Klägerin

162 BT-Drucks, 16/8783, S. 63.

zunächst noch keine bezifferte Leistungsklage auf Schadensersatz erheben. Um die Verjährung der Schadensersatzansprüche zu verhindern, hat der Verletzte deshalb ein berechtigtes rechtliches Interesse an einer Feststellung der Schadensersatzpflicht. Der Antrag auf Feststellung der Schadensersatzpflicht ist deshalb statthaft (§ 256 ZPO).

Literaturverzeichnis

Bayreuther, Frank, "Beschränkungen des Urheberrechts nach der neuen EU-Urheberrechtsrichtlinie", ZUM 2001, S. 828-839.

Behnisch-Hollatz, Susanne, "Recht auf Zugang zu öffentlichem Kulturgut" (Diss.), Aachen 2004.

Bethge, Herbert, "Das Hausrecht der öffentlichen Hand im Dilemma zwischen öffentlichem Recht und Privatrecht", Die Verwaltung 10 (1970), S. 313-332.

Bullinger, Winfried, "Urheberrechtlicher Originalbegriff und digitale Technologien", KUR 2006, S. 106ff..

Bullinger, Winfried, "Kunstwerke in Museen – die klippenreiche Bildauswertung", in: Festschrift für Peter Raue zum 65. Geburtstag, Köln 2006, S. 379-400.

Christoph, Angelika, Das Hausrecht in der Verwaltung,, zugleich ein Beitrag zum Recht der öffentlichen Sachen, (Diss.), Passau 1996.

Dreier, Thomas/Schulze, Gernot, Urheberrechtsgesetz, Urheberwahrnehmungsgesetz, Kunsturhebergesetz, 3. Auflage, Verlag C. H. Beck, München 2008.

Forsthoff, Ernst, Lehrbuch des Verwaltungsrechts, Band I, Allgemeiner Teil, 10. Auflage, Verlag C. H. Beck, München 1973.

Fromm, Friedrich Karl/Nordemann, Wilhelm, Kommentar zum Urheberrechtsgesetz, Verlagsgesetz, Urheberrechtswahrnehmungsgesetz, 10. Auflage, Kohlhammer Verlag, Stuttgart 2008.

Garbers-von Boehm, Katharina, Rechtliche Aspekte der Digitalisierung und Kommerzialisierung musealer Bildarchive (Diss.), Voraussichtliches Erscheinen Ende 2010 im Nomos-Verlag.

Götting, Horst-Peter/Lauber-Rönsberg, Anne, Der Schutz nachgelassener Werke, 1. Auflage, Nomos Verlag, Baden-Baden 2006.

Graf, Klaus, Rezension von Pfennig, Digitale Bildverarbeitung und Urheberrecht, Opladen 1998http://www.vl-museen.de/lit-rez/graf99-1.htm.

Hamann, Wolfram, "Grundfragen der Originalfotografie", UFITA 90, 1981, S. 45-58.

Klages, Christlieb, Grundzüge des Filmrechts,, Grundlagen, Verträge, Rechte, 1. Auflage, Verlag C. H. Beck, München 2004.

Maaßen, Wolfgang, "Bildzitate in Gerichtsentscheidungen und juristischen Publikationen", ZUM 2003, S. 830-842.

Mößle, Wilhelm, Handbuch des Museumsrechts, Band 7, Öffentliches Recht, Leske&Budrich Verlag, Opladen 1999.

Pappermann, Ernst/Löhr, Rolf Peter/Andriske, Wolfgang, Recht der öffentlichen Sachen, Verlag C. H. Beck, München 1987.

Schlingloff, Holger, "Fotografieren verboten!", AfP 1992, S. 112-116.

Schmitt, Ulrich, Das öffentlich-rechtliche Hausrecht, (Diss.), Münster 1965.

Schricker, Gerhard, Urheberrecht, Kommentar, 3. Auflage, Verlag C. H. Beck, München 2006.

Schulze, Gernot/Bettinger, Thorsten, "Wiederaufleben des Urheberrechtsschutzes bei gemeinfreien Fotografien", GRUR 2000, S. 12-18.

v. Hartlieb, Holger/Schwarz, Mathias, Handbuch des Film-, Fernseh- und Videorechts, 4. Auflage, Verlag C. H. Beck, München 2004.

Wandtke, Artur-Axel/Bullinger, Winfried, Praxiskommentar zum Urheberrecht, 3. Auflage, Verlag C. H. Beck, München 2009.

Wenzel, Karl Egbert/Burkhardt, Emanuel H./ Gamer, Waldemar, Das Recht der Wort- und Bildberichterstattung, 5. Auflage, O. Schmidt Verlag, Köln 2003.

FSC
www.fsc.org
MIX
Papier | Fördert
gute Waldnutzung
FSC® C083411

Kolibri 360 GmbH
Ferdinand-Jühlke-Straße 7
99095 Erfurt, Deutschland
produktsicherheit@kolibri360.de